T0194831

Wissenschaftliches Arbeiten im
Wirtschaftsinformatik-Studium

Katrin Bergener
Nico Clever
Armin Stein

Wissenschaftliches Arbeiten im Wirtschaftsinformatik-Studium

Leitfaden für die erfolgreiche Abschlussarbeit

Katrin Bergener
Institut für Wirtschaftsinformatik
Westfälische Wilhelms-Universität
Münster, Münster, Deutschland

Armin Stein
Institut für Wirtschaftsinformatik
Westfälische Wilhelms-Universität
Münster, Münster, Deutschland

Nico Clever
Institut für Wirtschaftsinformatik
Westfälische Wilhelms-Universität
Münster, Münster, Deutschland

ISBN 978-3-662-57948-0   ISBN 978-3-662-57949-7   (eBook)
https://doi.org/10.1007/978-3-662-57949-7

Die Deutsche Nationalbibliothek verzeichnet diese Publikation in der Deutschen Nationalbibliografie; detaillierte bibliografische Daten sind im Internet über http://dnb.d-nb.de abrufbar.

Springer Gabler
© Springer-Verlag GmbH Deutschland, ein Teil von Springer Nature 2019, korrigierte Publikation 2019

Lektorat: Susanne Kramer

Springer Gabler ist ein Imprint der eingetragenen Gesellschaft Springer-Verlag GmbH, DE und ist ein Teil von Springer Nature
Die Anschrift der Gesellschaft ist: Heidelberger Platz 3, 14197 Berlin, Germany

Geleitwort

Wie finde ich das richtige Thema für meine Bachelorarbeit? Wie gliedere ich sinnvoll die einzelnen Kapitel? Wie teile ich mir meine Zeit richtig ein, damit ich am Ende auch fertig werde? Wie suche ich effizient nach der für mein Thema wichtigen Literatur? Wie wird meine Arbeit bewertet? All das sind Fragen, die sich eine angehende Bachelorandin stellt und die sie in tiefe Verunsicherung treiben.

Dieses Buch vermittelt einige Tipps und Tricks, wie man an die Aufgabe des Schreibens einer Abschlussarbeit herangeht. Katrin Bergener, Nico Clever und Armin Stein sind langjährige Mitarbeiter am Institut für Wirtschaftsinformatik und am European Research Center for Information Systems (ERCIS) der Westfälischen Wilhelms-Universität (WWU) Münster und haben schon vielen Studierenden geholfen, die Klippen, die sich beim Schreiben einer Abschlussarbeit auftun, sauber zu umschiffen. Darüber hinaus lehren sie im Studiengang Wirtschaftsinformatik der WWU im Bachelor- und Masterstudiengang. Katrin Bergener und Nico Clever unterrichten seit vielen Jahren einen Kurs zur Vorbereitung auf die Bachelorarbeit und gemeinsam mit Armin Stein können sie hinsichtlich der Betreuung von Abschlussarbeiten aus einem großen Repertoire an Erfahrungswerten schöpfen. Sie möchten mit diesem Buch eine Hilfe anbieten: durch viele konkrete Beispiele, Tipps und Vorgehensweisen, die die Vorbereitung und die Anfertigung der Bachelorarbeit unterstützen. Es sind immer dieselben Fragen, die Studierende beim Anfertigen einer wissenschaftlichen Arbeit haben, und es sind immer dieselben Fallstricke, über die sie stolpern.

Allen, denen das Anfertigen einer Bachelorarbeit bevorsteht und die an den „Dos" und „Don'ts" beim Anfertigen einer solchen Arbeit interessiert sind, sei dieses Buch wärmstens ans Herz gelegt. Ich weiß, dass meine Mitarbeiter es mit ebenso viel Herzblut verfasst haben.

Prof. Dr. Dr. h. c. Dr. h. c. Jörg Becker
Münster
im Juni 2018

Vorwort

„Bedarf es wohl der Bemerkung, daß mit geendigtem Universitäts-
studio nicht das Studium überhaupt geendigt ist? Wer durch sein
Studiren auf der Universität die Wissenschaft und die Cultur seiner
Erkenntnisse überhaupt nicht so lieb gewonnen hat, daß er bis an das
Ende seines Lebens eifrig darauf denkt sich in denselben zu vervoll-
kommnen und mit der Zeit fortzuschreiten, der kann nicht sagen, er
habe studirt" [1].

Wir haben lange überlegt, ob es überhaupt Sinn ergibt, dieses Buch
zu schreiben. Es existiert eine ganze Menge an Büchern zu wissen-
schaftlichem Arbeiten, die allesamt unterschiedliche Schwerpunkte
setzen und deren Daseinsberechtigung wir mit der Veröffentlichung
dieses Buches definitiv nicht infrage stellen wollen. Warum wir trotzdem glauben, dass es eine ganze Menge Sinn ergibt, dieses Buch
geschrieben zu haben, ist in wenigen Worten erklärt: Wir sind fest
davon überzeugt, dass die Leserin – vornehmlich ist dieses Buch
natürlich an Studierende gerichtet, die vor der Aufgabe des Verfassens
einer Abschlussarbeit stehen – mit der Lektüre dieses Buches bestens
auf den ganzheitlichen Prozess des Anfertigens einer Abschlussarbeit
vorbereitet wird. Es mag – und das ist sehr wahrscheinlich – Bücher
geben, die sich mit einzelnen Aspekten wie beispielsweise der Zitation oder bestimmten Schreibtechniken sehr viel intensiver auseinandersetzen, als wir das in diesem Buch tun. Den gesamten Prozess
des Anfertigens einer solchen Arbeit haben wir jedoch so in keinem
existierenden Werk gefunden. Und dieser gesamte Prozess fängt bei
uns nicht mit Abholung des Themas und dem tatsächlichen Beginn
der Bearbeitungszeit an, sondern schließt etliche Dinge mit ein, die
bereits im Vorfeld und immer auch während des Gesamtprozesses
zu beachten sind – wie beispielsweise ein gesundes Selbst- und
Zeitmanagement.

Darüber hinaus fehlt uns in der existierenden Literatur zu wissenschaft-
lichem Arbeiten ein Werk, welches die Besonderheiten unserer Disziplin,
der Wirtschaftsinformatik, hervorhebt. Wir drei Autoren arbeiten bereits
seit vielen Jahren als Wissenschaftler und haben in dieser Zeit eine ganze

Reihe an Arbeiten – seien es Diplom-, Seminar-, Bachelor- oder Master-arbeiten – betreut. Was uns häufig aufgefallen ist, ist, dass (Abschluss-) Arbeiten zwar weiterhin weit oben auf der Liste der abzulegenden Prüfungsleistungen stehen, eine Sensibilisierung für das wissenschaftliche Arbeiten und insbesondere für die Eigenheiten einer jeden Disziplin jedoch häufig auf der Strecke bleibt – vermehrt durch die Umstellung auf die Bachelor- und Masterprogramme im Zuge der Bologna-Reform, die immerhin bereits vor ziemlich genau 20 Jahren angestoßen wurde.

In der Forschung in der Disziplin Wirtschaftsinformatik existieren grundsätzlich zwei Paradigmen: das (klassische) verhaltensorientierte und das gestaltungsorientierte Arbeiten, im Englischen auch *Behaviorism* beziehungsweise *Design Science* genannt. Diese Unterscheidung, die ganz konkrete Anforderungen an die Ausgestaltung der eigenen Arbeit stellt, wird so im Studium jedoch häufig nicht vermittelt und so ergeben sich häufig Diskrepanzen in den Erwartungen der Betreuerin und der Studierenden. Die detaillierte Unterscheidung findet sich daher logischerweise im weiteren Verlauf dieses Buches. Zur Eindämmung der Diskrepanzen hilft an dieser Stelle in unseren Augen ein zweckmäßiges Erwartungsmanagement, welches wir mit der Veröffentlichung dieses Buches ermöglichen wollen, indem wir die Leserin auch für die Eigenarten unserer Disziplin sensibilisieren wollen.

Zwei von uns, Katrin Bergener und Nico Clever, bieten seit etlichen Jahren einen Kurs zur Vorbereitung auf das Verfassen einer Abschlussarbeit an der Wirtschaftswissenschaftlichen Fakultät der WWU Münster an. Sowohl das Feedback der Studierenden, die an diesem nicht verpflichtenden Kurs teilgenommen haben, als auch die durchschnittlichen Ergebnisse der ehemaligen Teilnehmer des Kurses sprechen eine eindeutige Sprache und haben uns dazu bewegt, unsere Erfahrungen in diesem Buch zu teilen und als Nachschlagewerk zur Verfügung zu stellen – und sei es nur, um das eigene Gewissen zu beruhigen. An dieser Stelle möchten wir auch nicht versäumen, uns bei unseren ehemaligen Kollegen Milan Karow, Kevin Ortbach, Ralf Plattfaut und Jens Pöppelbuß zu bedanken, die zu unterschiedlichen Zeiten mit uns diesen Kurs gehalten haben und auch maßgeblich an der (Weiter)-Entwicklung der Kursinhalte beteiligt waren. Daher sind sicherlich auch Ideen von ihnen in dieses Buch eingeflossen, was wir an dieser Stelle würdigen möchten.

Wir hoffen, dass wir mit diesem Buch einen Beitrag dazu leisten können, dass Studierende – gleich welcher Fachrichtung, auch wenn das
Buch vornehmlich für die Wirtschaftsinformatikdisziplin konzipiert
wurde – ihre Fragen bezüglich der eigenen Abschlussarbeit beantwortet
bekommen und diese zweifelsohne große zu erbringende Leistung
unbeschwert angehen können. Zur Unterhaltung während des Lesens
dieses Buches stellen wir jedem Kapitel, wie auch diesem Vorwort, ein
Zitat von Prof. Johann Gottfried Karl Christian Kiesewetter voran.
Kiesewetter hat sich bereits zu Beginn des 19. Jahrhunderts intensiv
mit der Lehre der Anleitung zum Studium (Hodegetik) beschäftigt und
wir finden, dass viele seiner Aussagen auch heute noch zutreffend sind
und gerne beherzigt werden dürfen. Manche Dinge, so auch sauberes
wissenschaftliches Arbeiten, kommen eben nie aus der Mode!

Katrin Bergener
Nico Clever
Armin Stein
Münster
im Juni 2018

Inhaltsverzeichnis

Dieses Buch und wie es zu lesen ist

Literatur – 7

© Springer-Verlag GmbH Deutschland, ein Teil von Springer Nature 2019, korrigierte Publikation 2019
K. Bergener, N. Clever, A. Stein, *Wissenschaftliches Arbeiten im Wirtschaftsinformatik-Studium,* https://doi.org/10.1007/978-3-662-57949-7_1

1

„Diesem zu Folge nennt man Studirende diejenigen, welche die Erwerbung wissenschaftlicher Erkenntnisse zum Hauptgegenstand ihrer Bemühungen machen; derjenige, welcher blos noch Elementarkenntnisse fragmentarisch einsammelt ohne auf scientifische Begründung Verbindung zu sehen ist kein Studirender" [1].

❯❯ Bitte lies Dir diesen Teil zuerst durch – es lohnt sich! Er ist nur kurz, aber für den Hintergrund, das Verständnis und die Verwendung des Buches wichtig!

Zum Hintergrund des Buches: Wir haben dieses Buch nicht geschrieben, weil wir glauben, über das vollständig und einzig valide Wissen zu verfügen, wie eine Abschlussarbeit in unserem Feld, der Wirtschaftsinformatik (WI), geschrieben werden muss. Wir haben aber gemeinsam in den letzten zehn Jahren eine Menge Abschlussarbeiten (sowohl auf Bachelor- als auch auf Masterniveau) betreut und co-betreut und dabei erfahren, dass viele Probleme beim Verfassen der Arbeit aus ganz banalen Gründen entstehen können, die leicht zu vermeiden sind. Häufig liegen diese Probleme an der mangelnden Kommunikation vor und während der Bearbeitungszeit zwischen dem oder der Studierenden und dem Betreuer/der Betreuerin.

Wir wollen Dich in diesem Buch dafür sensibilisieren, über welche Dinge Du Dir Gedanken machen und sie mit Deiner Betreuerin im Gespräch abklären solltest. Aus diesem Grund haben wir auch einen persönlichen Schreibstil gewählt: Weil wir davon überzeugt sind, dass die Kommunikation auf einer persönlichen Ebene um Längen besser funktioniert als auf einer streng fachlichen.

Wir versuchen, in diesem Buch durchgehend die feminine Form verwenden, meinen damit aber natürlich auch immer die maskuline. Das hat den folgenden Hintergrund: Zunächst haben wir in der Wirtschaftsinformatik das „Problem", dass wir eine zu hohe Nachfrage der Wirtschaft an unseren Absolventen haben. Wir brauchen also *mehr fähige Studenten und Studentinnen,* die sich für die Wirtschaftsinformatik als Studienfach interessieren. Ein genauerer Blick auf die Zusammensetzung unserer Studierendenschaft zeigt einen Frauenanteil von (zumindest in Münster) lediglich 14 % (an anderen Standorten ist es teilweise etwas besser, dann ist es aber in der Regel Betriebswirtschaftslehre (BWL) mit etwas WI). Hier sehen wir eine Chance und eine Herausforderung: Es sieht so aus, als kämen wir bei jungen Frauen mit unserem Fach nicht gut an. Wenn wir das verbessern können, haben wir eine insgesamt größere Anzahl an Bewerberinnen und Bewerbern und damit ein höheres Potenzial an guten Absolventinnen und Absolvent. Gleichzeitig ist die Wirtschaftsinformatik ein in weiten Teilen sozial-wissenschaftliches Fach, dem eine gewisse Diversität in Gruppen guttut! Wieder auf Münster bezogen ist unser Studiengang in fast jeglicher Hinsicht *nicht* divers. Wir (als in Münster tätige Dozenten) haben uns also auf die Fahne geschrieben zu versuchen, die Ansprache in unserer Kommunikation mit Schülerinnen und Schülern sowie Studierenden auch für Frauen attraktiver zu machen, um in erster Linie *mehr fähige* Studierende zu gewinnen (die Männer sprechen wir ja offensichtlich bereits sehr erfolgreich an) und *zusätzlich* die Vielfalt zu erhöhen. Wir glauben, dass Sprache hier ein mächtiges Mittel ist und haben uns deshalb bewusst für die weibliche Anrede entschieden. Hierdurch wollen wir – soweit möglich – auf umständlichere Konstrukte wie „Betreuerin/Betreuer", „Professorin/Professor" oder „Gutachterin/Gutachter" bzw. „BetreuerIn", „Betreuer*in" oder „Betreuer-in" verzichten.

Wann ist dieses Buch sinnvoll für Dich? Vermutlich bist Du gerade am Ende eines Wirtschaftsinformatik-Studiums – sei es Bachelor oder Master – und Dir kommt in den Sinn, dass Du eine Abschlussarbeit schreiben musst. Vielleicht bist Du auch gerade zwei Wochen vor der Abgabefrist und denkst, dass es sinnvoll wäre, einmal zu schauen, was genau Du eigentlich für eine Abschlussarbeit alles machen musst. Wie auch immer – Du hast dieses Buch wahrscheinlich gekauft, damit die Arbeit ein Erfolg wird. Uns ist klar, dass Erfolg immer im Auge des Betrachters liegt. Solltest Du Dir wirklich erst zwei Wochen vor Abgabe Gedanken darüber machen, wie denn eine Abschlussarbeit auszusehen hat, dann ist aus unserer Sicht ein „Bestehen" schon ein unfassbarer Erfolg. Um aber eine Sache klar zu stellen: Du kannst dieses Buch von vorne bis hinten durcharbeiten, auswendig lernen und rückwärts lesen – eine 1.0 für Deine Abschlussarbeit (oder eine ähnliche Note – je nach Bewertungssystem; generisch vielleicht ein „A + ") wird Dir damit nicht sicher sein! Wir geben Dir mit diesem Buch gebündelt Informationen an die Hand, die ein Verständnis für das Verfassen einer Arbeit vermitteln, wir geben Dir aber kein Rundum-Sorglos-Paket – schlicht aus dem einen Grund: Das gibt es unserer Meinung nach nicht. Warum? Prinzipiell gibt es nur genau eine Person, die weiß, wie Du eine sehr gute Note bekommst: Deine Betreuerin bzw. Deine Themenstellerin! Wir werden übrigens im Weiteren nur noch von „Betreuerin", nicht mehr von „Themenstellerin" sprechen – sie ist ja letztlich aus Hochschulsicht dafür verantwortlich, dass mit der Arbeit ein sinnvolles Ganzes entsteht.

Diesen ersten Teil kannst Du schon als wichtige Lehreinheit für Dich sehen: Erwartungsmanagement (▶ Abschn. 2.3) – und zwar von uns gegenüber Dir als Leser bzw. Leserin. Wenn Du denkst, dass das, was wir oben geschrieben haben, sinnvoll für Dich klingt, wirst Du von diesem Buch vermutlich nicht enttäuscht sein. Wenn Du ein Fachbuch zum Projektmanagement (siehe ▶ Abschn. 2.1), zu verschiedenen Schreibstilen (siehe ▶ Abschn. 3.7), zur genauen Definition eines Zitationsstils (siehe ▶ Abschn. 3.5) oder eine Anleitung zu konkreten Forschungsmethoden (siehe ▶ Abschn. 2.5) erwartest, dann empfehlen wir Dir eher eine Literatursuche (siehe ▶ Abschn. 3.2) nach wissenschaftlichen Artikeln

1

oder Büchern, beispielsweise auf ▶ https://scholar.google.com. Natürlich verweisen wir jedoch in den jeweiligen Abschnitten auf Drittliteratur, die wir als sinnvoll erachten.

Das Erwartungsmanagement übertragen auf Deine Abschlussarbeit bedeutet: Es ist unserer Erfahrung nach die halbe Miete, wenn Du mit Deiner Betreuerin die Erwartung abgestimmt hast und Ihr beide der Meinung seid, dass Ihr wisst, worum es in der Arbeit gehen soll. Hierzu kannst Du in diesem Buch auch die Abschnitte zu den Themen Exposé (siehe ▶ Abschn. 2.6) und Betreuerkommunikation (siehe ▶ Abschn. 2.3) lesen.

Damit kämen wir zum nächsten Hinweis, wie dieses Buch zu lesen ist: Wir drei Autoren haben lange über *den* Prozess des Anbahnens, Vorbereitens und Schreibens einer Abschlussarbeit gesprochen – und für uns festgestellt, dass es ihn nicht gibt. *Wir* sind uns zwar einig, wie der Prozess zu laufen hat: Wir schreiben ein Thema aus, der/die Studierende informiert sich über unsere Vorstellung, schreibt ein Exposé, das wir miteinander diskutieren, holt das Thema offiziell ab, kommt nach einer oder zwei Wochen zur Diskussion der Gliederung vorbei und gibt nach zwölf Wochen (Bachelor-Arbeit) oder 16 Wochen (Master-Arbeit) ab. Dazwischen gibt es gegebenenfalls einige wenige Klärungsgespräche, die Arbeit sollte ja weitestgehend selbstständig stattfinden. Alleine der Blick auf unser Umfeld – das Institut für Wirtschaftsinformatik der WWU Münster mit seinen (derzeit) sieben Professuren – zeigt jedoch ganz verschiedene Herangehensweisen und Perspektiven auf das Feld der WI: Neben unseren „Kern-WIlern" haben wir alleine in diesem kleinen Ökosystem Betreuerinnen, die eher Bezug zur Informatik, zur Betriebswirtschaftslehre (BWL), oder zu den Quantitativen Methoden haben und entsprechend unterschiedlich vorgehen. Wenn wir jetzt auch noch auf andere Hochschulen schauen, haben wir vermutlich ein Fass ohne Boden, was die Anzahl an Prozessen und das Verständnis einer Abschlussarbeit angeht. Wir sind uns aber sicher, dass einzelne Elemente des Prozesses *immer* relevant und einzelne Elemente einer Arbeit *immer* wichtig sind – mal mehr, mal weniger.

Aus diesem Grund haben wir uns entschieden, das Buch modular aufzubauen und diesen Elementen jeweils eigene Abschnitte zu widmen, die sich auch unabhängig voneinander lesen lassen. Wenn Du also gerade an dem Punkt bist, Dir zu überlegen, was für einen Typ von Arbeit (siehe ▶ Abschn. 2.5) Du schreiben möchtest (oder musst) und welche Implikationen das haben kann, dann lies Dir direkt den entsprechenden Abschnitt dazu durch. Solltest Du eine Literaturanalyse (siehe ▶ Abschn. 3.2) machen wollen, schlag in dem entsprechenden Abschnitt nach. Wir verweisen innerhalb der Abschnitte auch viel untereinander – das ist der Komplexität einer Abschlussarbeit geschuldet. Sie ist ein Werk, das in sich stimmig sein soll: Die Strukturierung (siehe ▶ Abschn. 3.1) hängt stark vom Typ der Arbeit (siehe ▶ Abschn. 2.5) ab; die Forschungsmethode vom Typ der Arbeit und von der Forschungsfrage; die Forschungsfrage hängt gegebenenfalls von dem (Rand-)Bereich der Wirtschaftsinformatik, in dem Du schreiben willst, ab.

Hiermit rechtfertigen wir übrigens auch ein dediziertes Buch über „Abschlussarbeiten in der Wirtschaftsinformatik": Wie Du zum Ende Deines Studiums der WI hin bereits gelernt haben solltest, siedelt sich das Feld irgendwo an der Schnittstelle zwischen der Anwendung (der Wirtschaft) und der Informatik (also der technischen Realisierung) an. So vielfältig die Themen der Vorlesungen sind, so vielfältig sind natürlich auch die Themen von Abschlussarbeiten. Wir haben beispielsweise Arbeiten betreut, in denen eine Literaturanalyse des „Senior Scholars' Basket of Journals"[1] – der von der Association for Information Systems (AIS) empfohlenen Liste von Information System Journals – durchgeführt wurde, neue Geschäftsmodelle entwickelt oder evaluiert wurden, Märkte analysiert, prototypische Implementierungen durchgeführt oder Algorithmen in ihrer Effizienz gegeneinander verglichen wurden. Wir haben praktische Fragestellungen mit Unternehmen bearbeiten oder auch Theorien validieren lassen.

Was aber unabhängig von diesen unterschiedlichen Themen, Denkweisen und Perspektiven feststeht, ist der Charakter des wissenschaftlichen Arbeitens. Eine Definition von Rahn [2] trifft unserer Meinung nach den Kern:

> „Eine wissenschaftliche Arbeit ist nicht nur darauf ausgerichtet, reines Faktenwissen abzuprüfen, sondern es wird auch verlangt, dass bestimmte Tatbestände anwendungs- und problemorientiert verarbeitet werden. Die Hochschule möchte von einem Studierenden die Fähigkeit gezeigt sehen, dass er wissenschaftlich arbeiten kann […]. Die Lernenden sollen nachweisen, dass sie ziel- und problemorientiert, strukturiert, präzise sowie hypothesengeleitet Leistungen erbringen können."

Diese Definition impliziert, dass ein einfaches „Niederschreiben" des Textes für eine Abschlussarbeit eher nicht angebracht ist. Betrachte sie als einen erhobenen Zeigefinger, der Dich beim Verfassen der Arbeit stets daran erinnert, *sorgfältig* zu sein. Die einzelnen Abschnitte dieses Buches sollen Dich dabei unterstützen, diese nötige Sorgfalt in die jeweiligen Aspekte Deiner Arbeit einfließen zu lassen.

---

1   ▶ http://aisnet.org/general/custom.asp?page=SeniorScholarBasket.

Um Dich in diesem Buch zurechtzufinden, haben wir einen Ordnungsrahmen geschaffen, der Dich mithilfe geeigneter Piktogramme dabei unterstützen soll, die einzelnen Teile des Baukastens für wissenschaftliches Arbeiten schnell und einfach wiederzufinden. Der Ordnungsrahmen ist in ◘ Abb. 1.1 dargestellt.

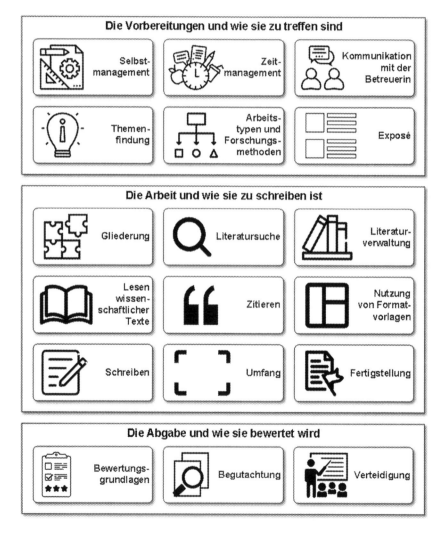

◘ **Abb. 1.1**   Struktur dieses Buches

Literatur

1. Kiesewetter, J. G. C. C. (1811). *Lehrbuch der Hodegetik, oder kurze Anweisung zum Studiren.* Berlin: Nauck.
2. Rahn, H.-J. (2006). Betreuung, Bewertung und Begutachtung von Seminar-, Bachelor-, Master- und Diplomarbeiten. *WiSt – Wirtschaftswissenschaftliches Studium, 35*(5), 289–295.

Die Vorbereitungen und wie sie zu treffen sind

© Springer-Verlag GmbH Deutschland, ein Teil von Springer Nature 2019, korrigierte Publikation 2019
K. Bergener, N. Clever, A. Stein, *Wissenschaftliches Arbeiten im Wirtschaftsinformatik-Studium*, https://doi.org/10.1007/978-3-662-57949-7_2

2

„Man wähle zur Lesung eines Werkes die schickliche Zeit […]. Man mache sich an die Lesung eines Buchs ohne vorgefaßte Meinung […]. Man sammle sich, ehe man zu lesen anfängt und hüte sich während desselben vor Zerstreuung. Um gewiss zu sein, daß man mit Aufmerksamkeit lieset, unterbreche man sich zuweilen und frage sich, was man gelesen. Man schreibe sich den Hauptinhalt des Werks kurz nieder […] und füge sein Urtheil hinzu" [4].

2.1 **Selbstmanagement**

Deine Abschlussarbeit ist vermutlich die erste große Leistung Deines Studiums, die Du mit Ausnahme der Unterstützung durch Deine Betreuerin weitestgehend eigenständig erstellen musst. Dies ist, im Vergleich zu den meisten anderen Veranstaltungen des Studiums, wie zum Beispiel Vorlesungen, mit einigen Herausforderungen verbunden. Die prägnantesten Unterschiede sind in ◘ Tab. 2.1 festgehalten.

Die in ◘ Tab. 2.1 dargestellten Bedingungen für Deine Abschlussarbeit hören sich zunächst mal eher negativ an, da Du selbst Ordnung in das Chaos zu Beginn der Bearbeitungszeit bringen musst. Aber selbstverständlich kann Deine Abschlussarbeit auch Spaß machen, da Du oftmals durch eine freie Themenwahl ein Wunschthema bearbeiten kannst (siehe mögliche Themengebiete in ► Abschn. 2.4).

◘ **Tab. 2.1**   Unterschiede zwischen Vorlesungen und Abschlussarbeiten

Vorlesung	Bachelorarbeit
Dozent gibt Inhalte vor	Eigenleistung
Hoher Zeiteinsatz über das gesamte Semester	Zeitknappheit
Direktes Feedback möglich	Begrenzte Möglichkeit zum Nachfragen
(Kleine) Gruppen (in Übungen)	Keine Gruppe
Inhalte vorgegeben (siehe erste Zeile), aber häppchenweise vermittelt	Unstrukturierte, unklare Informationslage

Deine Abschlussarbeit kann aufgrund ihres Umfangs und der unklaren Informationslage als Projekt verstanden werden. Hierfür wollen wir kurz die Definition eines Projekts nach der *International Organization for Standardization* (ISO) mit der Nummer 9000 anführen:

„[Ein Projekt ist ein] einmaliger Prozess [...], der aus einem Satz von abgestimmten und gesteuerten Tätigkeiten mit Anfangs- und Endterminen besteht und durchgeführt wird, um unter Berücksichtigung von Beschränkungen bezüglich Zeit, Kosten und Ressourcen ein Ziel [...] zu erreichen, das spezifische Anforderungen [...] erfüllt" [3].

Wenn wir uns die Kernpunkte der vorstehenden Definition einmal genauer anschauen, wird schnell klar, dass das Begreifen Deiner Abschlussarbeit als Projekt durchaus sinnvoll ist. Auch Deine Abschlussarbeit ist ein (hoffentlich) einmaliger Prozess, der einen Anfangs- und einen Endtermin hat, in dem Du spezifische Anforderungen erfüllen und dabei Beschränkungen insbesondere in Bezug auf Zeit und Ressourcen beachten musst. Die ISO-9000-Norm gibt für ein erfolgreiches Projektmanagement fünf Phasen vor, die Dir helfen können, die unklare Ausgangslage sinnvoll zu sortieren (siehe ◘ Abb. 2.1).

Die einzelnen Projektphasen spiegeln sich in unterschiedlichen Modulen des Buches, welches Du in den Händen hältst, wider. Im Rahmen der *Projektdefinition* werden Voraussetzungen geklärt, welche Du erfüllen musst, um Deine Abschlussarbeit schreiben zu können. Beispielsweise kann dies im Kontext von Bachelor- oder Masterstudiengängen eine minimale Anzahl an bereits erreichten Credit Points (Punkten des European Credit Transfer System; ECTS) sein oder der erfolgreiche Abschluss bestimmter Veranstaltungen wie Abschlussarbeitsvorbereitungskurse. Darüber hinaus findet in der Projektdefinition die Themenfindung in Absprache mit Deiner Betreuerin und die Klärung eines Forschungsziels oder einer Forschungsfrage statt. Auch die Anmeldung Deiner Arbeit fällt in diese Phase. Beachte, dass es auch hier Regeln geben kann und Du möglicherweise Dein Thema nicht unmittelbar nach dem Erstkontakt mit Deiner Betreuerin offiziell anmelden kannst. Hierzu wirst Du in ▶ Abschn. 2.4 und 2.6 detailliertere Informationen finden.

◘ **Abb. 2.1**   Phasen des Projektmanagements

2

Der *Projektauftrag* bezeichnet das Dokument, welches die Existenz Deines (Abschlussarbeits-) Projekts bestätigt. Dieses Dokument ist die sogenannte Leitkarte, auf welcher neben Deinen persönlichen Informationen, der Betreuerin und dem Titel auch die rechtlich bindenden Daten zu finden sind. Maßgeblich ist für Dich hierbei das rechtliche Abgabedatum, da bei einer verspäteten Abgabe Deine Arbeit klassisch nicht bestanden ist. Gleichzeitig schützt Dich das Dokument jedoch auch davor, dass Deine Betreuerin plötzlich nichts mehr von der Betreuung wissen will, auch wenn das äußerst unwahrscheinlich ist.

Da Du nur eine begrenzte Zeit für Deine Abschlussarbeit zur Verfügung hast, musst Du Deine Arbeitszeit sinnvoll planen. Dies geschieht im Rahmen der *Projektplanung* und wird in ▶ Abschn. 2.1 und 2.2 genauer erläutert.

Die *Projektdurchführung und -kontrolle* bezeichnet den immerwährenden Kreislauf von Suchen, Lesen und Schreiben, den Du während Deiner Bearbeitungszeit durchlaufen wirst. Hier solltest Du Deinen Fortschritt fortlaufend kontrollieren, gegen Deine Planung abgleichen und, falls nötig, diese korrigieren. Hierzu findest Du in nahezu allen Abschnitten dieses Buches nützliche Informationen.

Der *Projektabschluss* ist gekennzeichnet durch das Drucken, Binden und Abgeben Deiner Arbeit. Unter Umständen musst Du Deine Abschlussarbeit noch präsentieren, das ist abhängig von Deiner Prüfungsordnung und/oder den Vorgaben des Instituts, an dem Du Deine Arbeit verfasst. Zum Projektabschluss findest Du einige Hinweise in ▶ Abschn. 3.9 und 4.3.

Zusätzlich zu den normalen Projektphasen Deiner Arbeit kann es zu einem Projektabbruch kommen, was wir natürlich nicht hoffen. Grundsätzlich gilt selbstverständlich, dass ein Projektabbruch nicht wünschenswert ist. Falls Du jedoch früh merkst, dass das Thema in der Art und Weise, die Du mit Deiner Betreuerin abgesprochen hast, aus welchen Gründen auch immer nicht vernünftig zu bearbeiten ist, hast Du in der Regel noch eine Möglichkeit, das klassische Nichtbestehen abzuwenden. Dies ist in Deiner Prüfungsordnung geregelt. In der zum Zeitpunkt der Veröffentlichung dieses Buches aktuellen Bachelor-Prüfungsordnung des Fachbereichs Wirtschaftswissenschaften der WWU Münster aus dem Jahre 2010 ist beispielsweise geregelt, dass das „Thema nur einmal und nur innerhalb einer Woche nach Beginn der Bearbeitungszeit zurückgegeben werden" kann. In einer derartigen Situation suchst Du in jedem Fall *so früh wie möglich* das Gespräch mit Deiner Betreuerin. Wenn Du Dich von Deiner Arbeit abmeldest, wird in der Regel der Versuch gestrichen und taucht demzufolge auch nirgends mehr auf, insbesondere nicht auf Deinem Zeugnis. Wie erwähnt gibt es auch das klassische Nichtbestehen Deiner Arbeit. Dies ist unserer Erfahrung nach äußerst selten, verschweigen wollen wir es jedoch nicht. Wichtig ist hierbei, dass es in den meisten Fällen eine andere Regelung zur Wiederholung gibt als bei den üblichen Veranstaltungen, insbesondere wenn in ihrem Rahmen Klausuren zur Prüfung geschrieben werden. In der Bachelor-Prüfungsordnung (2010) des Fachbereichs Wirtschaftswissenschaften der WWU Münster heißt es hierzu beispielsweise: „Eine zweite Wiederholung der Bachelorarbeit ist ausgeschlossen." Dies bedeutet im Klartext, dass Du Deine Bachelorarbeit im Falle des Nichtbestehens im ersten Anlauf nur ein einziges Mal wiederholen darfst. Auch in diesem Fall ist ein Gespräch mit Deiner Betreuerin und/oder der Studienberatung (Deines Fachbereichs oder Instituts) dringend ratsam.

Du hast ...
- ... Dich mit den Grundlagen von Projektmanagement beschäftigt.
- ... Deine Abschlussarbeit angemeldet.
- ... Deine Anmeldebestätigung sicher aufbewahrt.
- ... Dich über den unwahrscheinlichen, aber möglichen Fall eines Projektabbruchs informiert und weißt, was im Zweifelsfall zu tun ist.

2.2 Zeitmanagement

Für die Anfertigung Deiner Abschlussarbeit hast Du im Verhältnis zu anderen Leistungen Deines Studiums relativ viel Zeit zur Verfügung. Doch genau hier liegt eine der größten Herausforderungen. Auch wenn sich eine Zeit von acht bis zwölf oder sogar 16 Wochen (zugrunde liegen hier die zum Zeitpunkt der Veröffentlichung dieses Buches aktuellen Bearbeitungszeiten einer Bachelorarbeit bzw. Masterarbeit an der Wirtschaftswissenschaftlichen Fakultät der WWU Münster) zunächst viel anhört: Wenn Du Deine Anstrengungen nicht vernünftig zeitlich koordinierst, kannst Du hier in arge Bedrängnis geraten, die im schlimmsten Fall zu einer Abgabe in nicht gewünschter Qualität oder sogar zur Nichtabgabe führen können. Auch hast Du nur begrenzt Ressourcen zur Verfügung – Du kannst Dich nicht zweiteilen und bist auch nur bedingt leistungsfähig an einzelnen Tagen! Dazu kommt die Herausforderung der größtmöglichen Freiheit Deiner Arbeitsgestaltung. Deshalb ist ein vernünftiges Zeitmanagement ein Hauptaspekt während der Anfertigung Deiner Arbeit.

▪ **Unterschiede zwischen Vorlesung und Abschlussarbeit**

Im Gegensatz zur Vorlesung, in der eine Dozentin das Lerngeschehen vorgibt und Du den Inhalt eher als Konsument aufnimmst, bist Du bei Deiner Abschlussarbeit auf Dich gestellt und musst agieren. Die Arbeits- bzw. Lernzeiten sind bei einer Vorlesung – mit Ausnahme der Abschlussprüfungen – vorgegeben, bei Deiner Arbeit kannst Du Dir Deine Zeit flexibel einteilen. Ebenfalls überprüfst Du Deinen Arbeitserfolg mit Ausnahme von Betreuergesprächen selbst und wirst nicht, wie bei der Vorlesung im Rahmen von Abschlussprüfungen, fremdkontrolliert. Die wesentlichen Unterschiede zwischen Vorlesungen und Deiner Abschlussarbeit sind auch in ◘ Tab. 2.2 noch einmal zusammengefasst.

▪ **Aufschiebeverhalten**

Problematisch wird es zum Beispiel, wenn Du anfällig für Prokrastination bist. Prokrastination bezeichnet die Angewohnheit, notwendige aber unangenehme Arbeiten gewohnheitsmäßig zu verschieben, anstatt sie zu erledigen. Nach [11] existieren dabei vier verschiedene Formen der Prokrastination. Zunächst ist da das alltägliche Aufschieben zu nennen, welches weit verbreitet, aber nicht weiter beunruhigend ist. „Das Auto wasche ich erst morgen…" wäre hier eine beispielhafte Aussage. Die zweite Form ist problematisches Aufschieben, in dessen Zuge dringende Dinge verschoben werden und Abwarten alles nur schlimmer macht. „Das Fremdgehen beichte ich morgen…" würde unter diese Form fallen. Hartes Aufschieben, die dritte Form, bezeichnet gewohnheitsmäßiges Später- oder Nicht-Erledigen von wichtigen Dingen und wirkt sich negativ auf Freunde, Familie, Bildung und Karriere aus. Die „vollkommenste" Form des Aufschiebens ist die Blockade. Diese ist durch eine Handlungsunfähigkeit wie beispielsweise eine Prüfungs- oder Schreibblockade gekennzeichnet. Die Ursachen für Prokrastination können nach [11] unterschiedlicher Natur sein. Emotionale Faktoren wie Angst und kognitive Faktoren, zum Beispiel Perfektionismus, Unklarheiten und fehlender konkreter Zeitdruck (siehe oben), können letzten Endes zu den oben

◘ **Tab. 2.2** Dimensionen von Vorlesungen und Abschlussarbeiten

Dimension	Vorlesung	Abschlussarbeit
Orientierung des Lerngeschehens	Dozentenzentrierung	Eigenzentrierung
Aktivitätsgrad	Konsument	Akteur
Arbeitszeit	Gebundene Lernzeiten	Flexible Arbeitszeiten
Überprüfung des Arbeitserfolgs	Fremdkontrolle	Selbstkontrolle

angesprochenen Konsequenzen der Nichtabgabe oder der schlechten Qualität Deiner Arbeit führen, denen Du mit einem gewissenhaften Zeitmanagement begegnen kannst.

> Nicht verschweigen dürfen und wollen wir an dieser Stelle, dass auch psychologische Störungen, also das Aufschieben als Symptom von Persönlichkeitsstörungen, zu einer Blockade führen können. Zögere deshalb bitte nicht, Dich beim geringsten Verdacht in ärztliche Behandlung zu begeben. Die WWU Münster bietet beispielsweise eine Prokrastinationsambulanz an, in der Du Dein eigenes Aufschiebeverhalten testen lassen und Dich in weitergehende Diagnostik, Beratung und Therapie vermitteln lassen kannst.

- **Planung**

Häufig hilft es, die Planung Deiner Abschlussarbeit retrograd anzugehen. Da der Abgabetermin Deiner Arbeit feststeht, kannst Du ausgehend von diesem rückwärts gerichtet die notwendigen Aktivitäten (u. a. Druck und Bindung, Korrekturlesen, Schreiben, Literatursuche, Gliederungsgespräch) planen, um den spätestmöglichen Anfangszeitpunkt für Deine Arbeit zu finden. Anschaulich machen kannst Du dies beispielsweise durch die Erstellung eines Gantt-Diagramms, auch Balkendiagramm genannt. Ein konkretes Beispiel für eine solche retrograde Planung findest Du in ◘ Abb. 2.2.

Darüber hinaus musst Du die Dir zur Verfügung stehenden physischen Ressourcen einplanen. Wenn Du Dir Literatur in der Bibliothek oder per Fernleihe ausleihen musst, dann musst Du dafür einen gewissen Vorlauf einplanen. Notwendige Arbeitsmittel wie Computer (zum Schreiben oder Programmieren), nötige Programme (Literaturverwaltung) oder beispielsweise Drucker solltest Du ebenfalls in die Planung einfließen lassen. Auch „Hilfskräfte", wie Korrekturleserinnen oder die Mitarbeiter beim Copy-Shop, wo Du Deine Arbeit drucken lassen möchtest, stehen nicht zu jedem Zeitpunkt zur Verfügung und sollten nach Möglichkeit so früh wie möglich in Deine Planungen einbezogen werden.

Die Vorteile, die Du durch eine sinnvolle Planung erlangst, sind vielfältig: Du erarbeitest Dir Struktur und Sicherheit, statt hilflos und möglicherweise sogar ängstlich zu agieren. Du handelst effizient und gewinnst dadurch an Zeit. Du hast kleine Erfolgserlebnisse und letzten Endes ein gewisses Wohlgefühl, weil Du die Kontrolle über Deine Arbeit behältst.

Dein Zeitmanagement sollte so aussehen, dass Du Dir – am besten täglich – einen Überblick verschaffst, was zu erledigen ist, zum Beispiel über To do-Listen. Danach solltest Du Prioritäten setzen, indem Du eine Rangfolge

2

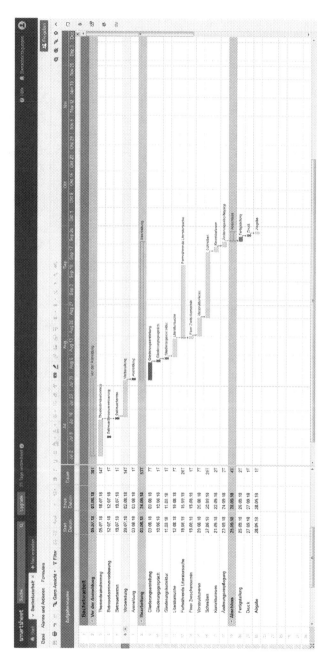

◨ **Abb. 2.2**   Retrograde Planung einer Bachelorarbeit mit einem Gantt-Diagramm – Erstellt mit Smartsheet

bildest, nach der Du Deine Aufgaben abarbeiten möchtest. Dabei solltest Du Arbeitszeiten und Arbeitsziele nach Möglichkeit so gut es geht konkretisieren und Sicherheit durch Pufferzeiten einplanen. Die Zielsetzung ist dabei, die Zeit als knappes Gut effektiv und vor allem effizient zu nutzen. Dazu kannst Du zwei unterschiedliche Prinzipien verfolgen. Du kannst einerseits die Dir zur Verfügung stehende Zeit für die ertrag- und erfolgreichsten Tätigkeiten einsetzen. Dies wird auch als Maximalkriterium bezeichnet. Andererseits könntest Du die angestrebten und von Dir fixierten Ziele – im „schlimmsten" Fall eine bestimmte Note – mit einem möglichst geringen Zeitaufwand erreichen, auch als Minimalkriterium bezeichnet.

> Da wir davon ausgehen, dass Du eine möglichst gute Bewertung mit Deiner Arbeit erreichen möchtest, empfehlen wir Dir dringend, das Maximalkriterium anzuwenden und die Dir zur Verfügung stehende Zeit sinnvoll einzusetzen.

■ **Zielformulierung und Planungskosten**

Wie oben bereits angesprochen, solltest Du Ziele für Deine (tägliche) Arbeit definieren. Hierbei ist es wichtig, dass Du konkrete Termine oder Zeitpunkte festlegst, um Deinen Arbeitsfortschritt überprüfen und gegebenenfalls gegensteuern zu können. Du solltest darüber hinaus die Ergebnisse, die Du anstrebst, ausformulieren, um Dir die Kontrolle zu erleichtern. Setze Dir realistische Ziele und nimm Dir nicht zu viel auf einmal vor. Konkrete, kurzfristige Teilziele helfen Dir dabei, Erfolgserlebnisse zu haben und Dich gut zu fühlen.

Bei aller Planung, die Dir bei Deiner Arbeit helfen soll, solltest Du nicht vergessen, dass ein kleiner Schritt, der sofort in Angriff genommen werden kann, häufig mehr bringt als langwierige Planung. Hierbei hilft die sogenannte Zwei-Minuten-Regel. Nach dem amerikanischen Selbst- und Zeitmanagementexperten David Allen sollte alles, was man in zwei Minuten mehr oder weniger erledigen kann, auch sofort abgearbeitet werden. Selbst wenn die Aufgabe nicht die höchste Priorität hat, sollte sie direkt erledigt werden. Alles, was einem keine zwei Minuten wert ist, wird von der To-do-Liste gestrichen. Der Hintergrund der Regel ist so einfach wie genial: Aufgaben, die einem keine zwei Minuten wert sind, werden dies auch in Zukunft nicht sein, können also unproblematisch außer Acht gelassen werden. Anderenfalls sammeln sich eine Unmenge solcher Aufgaben im Hinterkopf an und verhindern eine effiziente Arbeitsweise. Alle Aufgaben, die die zwei Minuten wert sind, sind nach der Bearbeitung erledigt und schwirren ebenfalls nicht mehr im Hinterkopf herum.

2

Beispiel

Die Formulierung von realistischen Zielen ist nicht trivial und erfordert etwas Übung. Du wirst das bei Deiner Zielformulierung vermutlich zu Beginn auch merken. Die Justierung ist dabei auch immer persönlichkeitsabhängig, sollte sich aber nach kurzer Zeit einpendeln. Aus dem zu Beginn Deiner Arbeit formulierten (weit entfernten) Ziel „Abgabe der Abschlussarbeit am rechtlichen Abgabedatum" wird so in kurzer Zeit das Teilziel „Fertigstellung des Abschnittes 3.2.1 zu Grundlagen des Geschäftsprozessmanagements bis zum Mittagessen".

Es ist also wichtig, dass Du im besten Fall ein Optimum in Bezug auf Zeitgewinn durch Planung findest bzw. Dich an ein solches herantastest. Zu wenig Planung führt zu Unterplanung, zu viel Planung zu Überplanung. In ◻ Abb. 2.4 ist dieser Sachverhalt in einem Diagramm dargestellt. Es gibt bei dieser Herausforderung keine eindeutig richtige Lösung, jedoch hat die Faustregel, maximal ein Prozent der zur Verfügung stehenden Arbeitszeit mit Planung zu verbringen, sich häufig bewährt. Für einen Tagesplan über acht Stunden solltest Du demnach nicht mehr als fünf Minuten aufwenden. In jedem Fall solltest Du die Planung immer schriftlich machen, um Deinen Fortschritt kontrollieren zu können.

▪ **Tiefergehende Planung**

Wir wollen an dieser Stelle gar nicht zu sehr ins Detail gehen, zwei Methoden für die tiefergehende Planung jedoch kurz anreißen, weil sich auch diese bewährt haben. Zum einen ist dies die sogenannte ALPEN-Methode (mehr Informationen hierzu findest Du beispielsweise in [12]). Ziel der ALPEN-Methode ist es, effektive und effiziente Tagespläne zu erstellen. Hierzu sind analog zum Namen der Methode fünf Dinge notwendig. Als erstes werden **A**ufgaben, Termine und geplante Aktivitäten des jeweiligen Tages notiert. Im zweiten Schritt wird deren **L**änge bestimmt bzw. geschätzt. Darüber hinaus sind **P**ufferzeiten für unvorhersehbare Ereignisse und Fehlschätzungen einzuplanen. Im Schritt „**E**ntscheidungen treffen" geht es darum, Prioritäten zu setzen und möglicherweise Aufgaben von niedriger Priorisierung zu delegieren. Dies kann zum Beispiel mithilfe des Eisenhower-Prinzips gemacht werden, der zweiten von uns im nächsten Abschnitt vorgestellten Methode. Im letzten Schritt, der **N**achkontrolle, geht es nicht nur um die Kontrolle der einzelnen Punkte der Tagesplanung, sondern auch um die Kontrolle der Planung an sich. Hierbei solltest Du vor allem darauf schauen, ob die Menge an geplanten Aufgaben und die von Dir geschätzten Zeiten zutreffend waren. Die Nachkontrolle hilft Dir demnach, die weitere Planung zu verbessern.

Das Eisenhower-Prinzip hilft Dir bei der Priorisierung Deiner Aufgaben. Wie in ◻ Tab. 2.3 dargestellt, ordnest Du Deine Aufgaben anhand ihrer Dringlichkeit und Wichtigkeit in Bezug auf Deine Arbeit in die Quadranten A bis D

◘ Tab. 2.3	Das Eisenhower-Prinzip		
		Dringlichkeit	
		Dringend	**Nicht dringend**
Wichtigkeit	**Wichtig**	A Sofort selbst erledigen	B Terminieren und selbst erledigen
	Nicht wichtig	C An kompetente Personen delegieren	D/P(apierkorb) Nicht bearbeiten

der Eisenhower-Matrix ein. Je nach gewähltem Quadranten verfährst Du dann mit der Aufgabe. Dies kann die sofortige Erledigung durch Dich selbst (A), eine Terminierung für Dich selbst (B), die Delegation an kompetente Personen (C) oder die Nichtbearbeitung (D bzw. P wie Papierkorb) zur Folge haben. Für tiefergehende Informationen zum Eisenhower-Prinzip siehe beispielsweise [9].

Beispiel
Eine unwichtige Aufgabe, die dringlich ist, kann beispielsweise in der spontanen Erledigung von Einkäufen liegen. Diese sollte nach Möglichkeit delegiert werden, um Deine Ziele nicht zu gefährden.

■ **Persönliche Leistungskurve**
Am wichtigsten bei aller Planung ist, dass Du Deine persönliche Leistungskurve beachtest. Nicht jeder Mensch tickt gleich und ist zur selben Zeit am produktivsten. Lege Dir also Deine wichtigsten Aufgaben des Tages immer in die Zeit, in der Du selbst am produktivsten bist. Wie in ◘ Abb. 2.3 dargestellt, ist die Leistungsfähigkeit von Menschen unterschiedlich über den Tagesverlauf verteilt. Manch einer ist morgens am produktivsten, manch einer erst am späten Abend. Da Du Dir Deine Arbeitszeit für Deine Abschlussarbeit selbst einteilen kannst, was sowohl die Chance der freien Zeiteinteilung als auch die Gefahr der falschen Zeiteinteilung mit sich bringt, solltest Du die Leistungskurve bei der Planung und Priorisierung Deiner Aufgaben immer beachten.

■ **Pausen**
Auch wenn wir Menschen das vielleicht gerne ab und zu hätten, Du kannst nicht acht Stunden am Stück durcharbeiten und davon ausgehen, dass Du zu jedem Zeitpunkt gleichermaßen produktiv bist. Jeder kennt das: Von

2

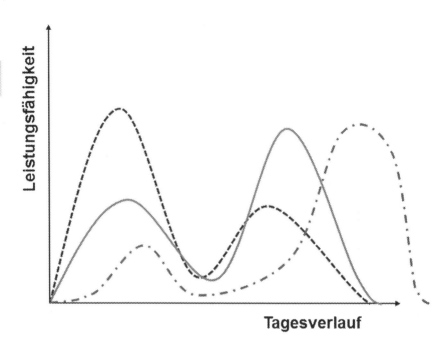

◨ **Abb. 2.3**   Persönliche Leistungskurven

Zeit zu Zeit wird man unweigerlich müde und demzufolge unkonzentriert. Auch wenn das in der Wissenschaft nach wie vor kontrovers diskutiert wird, wird gemeinhin davon ausgegangen, dass Menschen nach anhaltenden Konzentrationsphasen von etwa 80 bis 120 min Länge unausweichlich müde werden und eine, zumindest kleine, Pause benötigen [5]. Beachte dies also bei Deiner zeitlichen Planung und gehe nicht davon aus, dass du in zeitkritischen Phasen problemlos zwölf Stunden am Stück für deine Arbeit produktiv sein kannst.

Darüber hinaus ist es sowohl für Dich als auch für die Qualität Deiner Arbeit gut, wenn Du Dir zwischendurch bewusste Auszeiten gönnst; geh ins Kino, verabrede Dich zum Sport, triff Dich am Wochenende mit Freunden. Wenn Du konzentriert und bewusst arbeitest, musst Du auch kein schlechtes Gewissen haben, wenn Du Dir gelegentlich eine Auszeit nimmst. Im Gegenteil: Mit einem gewissen zeitlichen Abstand, betrachtest Du den Text, den Du geschrieben hast, oder das

Problem, das Dich umtreibt, vielleicht noch einmal ganz anders und auf einmal fällt Dir eine gute Lösung dafür ein. Manchmal sieht man ja den Wald vor lauter Bäumen nicht, da kann eine Auszeit zwischendurch wahre Wunder vollbringen.

Du hast ...

- ... die Unterschiede zwischen einer normalen Vorlesung und Deiner Abschlussarbeit verstanden.
- ... Dich mit Deinem eigenen Aufschiebeverhalten beschäftigt und – falls nötig – Maßnahmen dagegen ergriffen.
- ... einen Überblick, wann dir welche Ressourcen (Korrekturleserinnen, technische Geräte, Copy-Shop etc.) zur Verfügung stehen.
- ... verinnerlicht, dass Du Deine tägliche Arbeit mit einem nicht zu großen Zeitaufwand am besten abends planen solltest.
- ... Dich über tiefergehende Planungsmethoden wie die ALPEN-Methode oder das Eisenhower-Prinzip informiert und weißt, wie diese anzuwenden sind.
- ... Dich mit Deiner persönlichen Leistungskurve beschäftigt und weißt diese in Deiner täglichen Arbeit zu berücksichtigen.
- ... Dir bewusst gemacht, dass auch Pausen zu Deiner täglichen Arbeit gehören.

2.3 **Kommunikation mit der Betreuerin**

Du bist im Begriff, Deine Abschlussarbeit anzugehen oder hast vielleicht sogar ein Thema über ein zentralisiertes Zuweisungsverfahren zugeteilt bekommen? Dann steht in der Regel ein Gespräch mit Deiner potenziellen Betreuerin an. Hier solltest Du Dir in erster Linie eine Frage stellen, die zwei Aspekte beinhaltet:

Wie schaffe ich es, etwas aus dem Gespräch mitzunehmen, ohne mich dabei bei meiner Betreuerin unbeliebt zu machen?

Der erste Aspekt, ein sinnvolles Ergebnis des Gesprächs, ist primär wichtig für Deine unmittelbar weiterführende Arbeit. Der zweite Aspekt, die Vermeidung von Animositäten aufseiten der Betreuerin, ist nicht minder wichtig, jedoch eher für die gesamte weitere Zusammenarbeit und, letzten Endes, natürlicher auch für die Begutachtung und Bewertung Deiner Arbeit.

2

❏ **Abb. 2.4**   Kontraproduktive Kontaktaufnahme mit der Betreuerin

So wie die Beispiele aus ❏ Abb. 2.4 sollte Deine Kontaktaufnahme mit der Betreuerin tunlichst nicht aussehen! Und die haben wir uns nicht ausgedacht, diese E-Mails haben wir wirklich erhalten! Im Folgenden geben wir Dir einige Hinweise, wie Du die oben gestellte Frage positiv beantworten kannst. Wichtig ist, dass Du Dich unbedingt auf Dein Betreuergespräch vorbereitest. Das bedeutet, dass Du Dir schon vor dem Gespräch im Klaren darüber sein solltest, was Du mit dem Gespräch bezwecken willst. Überlege Dir, welche Fragen Du an die Betreuerin hast, die diese beantworten soll. Möchtest Du Formalitäten klären? Hast Du eine Verständnisfrage? Möchtest Du über von Dir produzierten Inhalt sprechen? Am besten ist es, wenn Du Deine Fragen vor dem Gespräch strukturierst und nicht zwischen Fragenkategorien hin- und herwechselst. Dies hilft Dir auch selbst, nicht den Überblick zu verlieren, wenn Du bei einem Termin zahlreiche Dinge besprechen möchtest. Bedenke jedoch auch, dass die Anfertigung Deiner Abschlussarbeit laut Prüfungsordnung dazu da ist, zu zeigen, dass Du in der Lage bist, eine wissenschaftliche Arbeit selbstständig zu verfassen. Frage daher lieber nicht bei jeder Kleinigkeit nach, dies gilt insbesondere für Fragen zum Verständnis. Die Wissensaneignung ist etwas, das bei aller berechtigten Betreuungsleistung vonseiten der Betreuerin von Dir selbst erwartet wird. Ebenso ergibt es Sinn, Deine Fragen und Anliegen sinnvoll zu bündeln, um so die natürlich begrenzte Zeit Deiner Betreuerin – wir haben in der Regel auch andere Verpflichtungen neben der Lehre und Betreuung von Abschlussarbeiten – möglichst effizient zu nutzen.

Bei allen Fragen, die Du an Deine Betreuerin hast, bedenke gleichzeitig auch, dass sie ebenfalls Fragen an Dich haben könnte. Diese können sich aus den von Dir gestellten Fragen ergeben, können ebenso gut aber auch aus der aktuellen Gesamtsituation bezüglich Deiner Arbeit resultieren. Bist Du beispielsweise auf ein Problem gestoßen, welches Dich von der Weiterarbeit abhält? Oder bist Du in einer Entscheidungssituation, die Du nicht alleine bewältigen kannst? In all diesen Fällen ist es sinnvoll, einen Lösungsvorschlag oder mehrere Lösungsalternativen vorzubereiten, um gemeinsam mit Deiner Betreuerin schnell zu einer konkreten Lösung zu gelangen.

Beispiel
Programmierproblem mit zwei Lösungsmöglichkeiten
Wenn Du beispielsweise im Zuge der Programmierung für Deine Abschlussarbeit im Informatikumfeld die Wahl zwischen einer relationalen und einer nicht-relationalen Datenbank hast, die beide ihre Vor- und Nachteile haben, dann bereite die Auswirkungen, die diese Entscheidung auf das fertige Produkt haben, für das Gespräch mit Deiner Betreuerin vor. Wenn die Wahl für die nicht-relationale Datenbank beispielsweise bedeuten würde, dass bessere Zugriffszeiten zu erwarten sind, dafür aber – im Gegensatz zu einer relationalen Datenbank – Analysemöglichkeiten eingeschränkt wären, dann solltest Du diese Informationen nach Möglichkeit direkt in das Gespräch mit einbringen. So fällt die Auswahl deutlich leichter, denn auch Deine Betreuerin kann nicht alles immer auf Anhieb wissen. So ersparst Du Dir einen erneuten Termin (und damit den Verlust von Zeit), den Deine Betreuerin benötigen könnte, um sich einen Überblick über das Problem und die Lösungsmöglichkeiten zu verschaffen.

2

Es kann immer mal passieren, dass während Deiner Bearbeitungszeit unvorhergesehene Dinge passieren, die Deinen Zeitplan verrücken. Ist dies der Fall und willst Du zu einem fortgeschrittenen Zeitpunkt der Bearbeitungsphase noch über grundlegende Dinge sprechen, kann es Dir passieren, dass Deine Betreuerin dort nachhakt. Überlege Dir im Vorfeld des Gesprächs daher, was Deine Betreuerin von Dir wollen könnte und sei auf diese Fragen vorbereitet.

Allgemein hilft es, wenn Du Deine strukturierten Fragen im Vorfeld des Gesprächs per E-Mail an Deine Betreuerin sendest. So kann diese sich ebenfalls auf das Gespräch vorbereiten und beispielsweise mögliche Lösungsalternativen zu einem Problem schon einmal begutachten und sich selbst Gedanken machen. Hier gilt: Nicht erst kurz vor einem Termin, sondern mit genügend Vorlaufzeit – beispielsweise am Vortag – versendet, gibt die E-Mail der Betreuerin die Möglichkeit, sich auf das Gespräch vorzubereiten.

Wie überall im Leben in Bezug auf den Kontakt mit Mitmenschen gilt auch für das Universitätsleben: Freundlichkeit und Pünktlichkeit werden honoriert, ihre Abwesenheit jedoch schnell bemerkt und – zu Recht – negativ ausgelegt. Daher behandele auch Du Deine Betreuerin so, wie Du es von ihr erwartest.

Du hast …

- … Dich gewissenhaft auf Dein Betreuerinnengespräch vorbereitet und weißt, welche Fragen du beantwortet haben möchtest.
- … Dich auf mögliche (Folge-)Fragen Deiner Betreuerin eingestellt.
- … Dich mit möglichen Lösungsalternativen für ein Problem beschäftigt und kannst diese vorstellen.
- … Deine Agenda bzw. Deine Fragen vorab per Mail an Deine Betreuerin geschickt, sodass diese sich auf das Gespräch vorbereiten kann.
- … bist Dir bewusst, dass Du mit Freundlichkeit und Pünktlichkeit auf der sicheren Seite bist.

2.4 Themenfindung

Grundsätzlich hast Du bei der Themenfindung für Deine Abschlussarbeit zwei Möglichkeiten. Du kannst Dir selber ein Thema überlegen, welches Du bearbeiten möchtest. In diesem Fall hast Du natürlich die größtmögliche Gestaltungsfreiheit und kannst ein Thema wählen, welches am besten zu Deinen Interessen passt. Die andere Möglichkeit besteht darin, ein von den Mitarbeiterinnen Deines Fachbereichs/Instituts/Lehrstuhls ausgeschriebenes Thema zu wählen. Die erste Möglichkeit bietet Dir den größtmöglichen Spielraum, Dich selbst zu entfalten, die andere Möglichkeit ist dann interessant, wenn Du Dir selbst nicht sicher bist, wie ein sinnvolles Thema für Deine Abschlussarbeit aussehen kann oder Du mit der Findung eines geeigneten Umfangs Schwierigkeiten hast. In letzterem Fall hast Du aber immer die Möglichkeit, mit einer zuständigen Person wie einer Studienkoordinatorin oder einer Mitarbeiterin eines Lehrstuhls Deines Instituts/Fachbereichs zu sprechen, um die Schwierigkeiten aus der Welt zu schaffen. Grundsätzlich gilt, dass Eigeninitiative gern gesehen ist. So kannst Du einer möglichen Betreuerin bereits im Vorfeld signalisieren, dass Du Dich mit dem Thema Abschlussarbeit an sich und dem Inhalt einer solchen im Speziellen bereits auseinandergesetzt hast. Ersteres hast Du mit der Anschaffung dieses Buch ja sowieso schon getan! Häufig besteht auch die Möglichkeit, Praxisarbeiten zu schreiben. Diese werden in Kooperation mit einem Unternehmen geschrieben, bei denen Du in der Regel während eines Praktikums oder im Nachgang daran ein spezielles Thema aufarbeiten kannst. Häufig findest Du die von den Mitarbeitern oder von Praxisunternehmen ausgeschriebenen Arbeitsthemen auf der Webseite Deines Fachbereichs/Instituts/Lehrstuhls[1] oder am schwarzen Brett.

Einen Sonderfall im Kontext der Themenfindung stellen Zuweisungen ohne Deinen Einfluss dar. Dies kann der Fall sein, wenn Dein Fachbereich sehr groß ist und die Themenvergabe bzw. Zuweisung zu einer Themenstellerin – dies ist in der Regel eine Professorin oder eine erfahrene, promovierte Mitarbeiterin eines Lehrstuhls – zentral erfolgt. Dieses Vorgehen wird beispielsweise im Fachbereich Wirtschaftswissenschaften der WWU Münster im Studienfach BWL praktiziert. Sollte dies auch bei Dir der Fall sein, kannst Du natürlich versuchen, das Gespräch mit einer zugewiesenen Betreuerin zu suchen, um entweder ein für Dich zufriedenstellendes Thema zu finden oder einen Betreuerinnentausch zu initiieren. Eine Gewähr gibt es hierfür jedoch leider nicht.

Wenn Du Dir selbst ein Thema aussuchen möchtest, kommen im Bereich der Wirtschaftsinformatik aufgrund der Beschaffenheit dieser Disziplin sehr viele unterschiedliche Themengebiete infrage. Du kannst von der betriebswirtschaftlichen Seite der Wirtschaftsinformatik kommen und Dir klassische BWL-Themen vorstellen, genauso gut jedoch von der Seite der Mathematik oder Informatik her an die Sache herangehen und zum Beispiel ausgiebige Programmierarbeiten zum

---

1 Die vom Institut für Wirtschaftsinformatik der WWU Münster aktuell ausgeschriebenen Abschlussarbeitsthemen findest Du unter der Internetadresse ▶ https://www.wi.uni-muenster.de/de/studierende/abschlussarbeiten/themen/.

2

Thema machen. Selbstverständlich stehen Dir hier insbesondere die klassischen WI-Themen offen, die sich mit Daten- oder Prozessmodellierung und deren Umsetzung in Anwendungssysteme/-komponenten beschäftigen. Auch empirische Arbeiten mithilfe von quantitativen Methoden wie Studien oder Umfragen sind ein beliebtes Themengebiet in der Wirtschaftsinformatik. Eine Faustregel gibt es an dieser Stelle nicht, Du solltest nur darauf aus sein, ein Themengebiet zu wählen, welches Dir selber Spaß macht.

Eine Betreuerin nur danach zu wählen, ob diese in der Vergangenheit tendenziell relativ gute Noten vergeben hat, ist kein ratsames Vorgehen. Da Du im Rahmen Deiner Abschlussarbeit weitestgehend eigenständig arbeiten musst, wird es auf Dauer ernüchternd sein, wenn Dir Dein Thema keinen Spaß bereitet. Dies wird tendenziell auch dazu führen, dass die Qualität Deiner Arbeit darunter leidet und damit auch die letztendliche Bewertung.

Wenn Du ein Themengebiet oder sogar ein konkretes Thema gefunden hast, welches Dich interessiert, wird es Zeit, mit einer möglichen Betreuerin in Kontakt zu treten. Du kannst dazu Deine möglicherweise vorhandene Studienkoordinatorin bemühen, hast aber auch noch eine andere Möglichkeit, die auf beiden Seiten arbeitserleichternd wirkt. Schau Dir an, welche Mitarbeiter oder Lehrstühle Deines Fachbereichs oder Instituts Deine Interessen bzw. Dein auserkorenes Thema am besten vertreten. In den allermeisten Fällen sind Lehrstühle nicht allumfassend in einem Fachgebiet wie zum Beispiel BWL oder WI aufgestellt, sondern fachlich geprägt. Beispielsweise gibt es WI-Lehrstühle für Statistik, Logistik oder Informationsmanagement. Auf BWL-Seite könnten dies Lehrstühle für Controlling, Management oder Marketing sein, wohingegen es in der VWL solche für Mikro- oder Makroökonomie gibt. Auch die einzelnen Mitarbeiterinnen sind zumeist auf ein oder wenige Forschungsgebiete spezialisiert. Versuche daher, Dein Interesse einem dieser Lehrstühle oder Mitarbeiterinnen zuzuordnen und suche mit diesen das Gespräch. Wenn Du ein ausgeschriebenes Thema wählen möchtest, dann solltest Du auch hier versuchen, ein Thema möglichst nach Deinem Interesse auszuwählen.

> Am wichtigsten im Kontext Deiner Themenfindung ist, Deine mögliche Betreuerin so früh wie möglich zu involvieren, und das aus mehreren Gründen: Zum einen hat Deine Betreuerin in der Regel schon einige Erfahrung in der Betreuung von Abschlussarbeiten und kann etwaige Unklarheiten, die aufgrund der Komplexität einer solchen Arbeit auch mit diesem Buch nicht hundertprozentig abzudecken sind, beseitigen. Zum anderen gibt es von Universität zu Universität, von Fachbereich zu Fachbereich und von Institut zu Institut unterschiedliche Regelungen des

Anmeldeprozesses. So ist zum Zeitpunkt der Veröffentlichung dieses Buchs im Institut für Wirtschaftsinformatik der WWU Münster beispielsweise vorgeschrieben, dass die tatsächliche Anmeldung einer Bachelorarbeit erst 14 Tage nach einem ersten Gespräch mit Deiner Betreuerin erfolgen darf. Wenn Du von dieser Regelung keine Kenntnis hast und Deine mögliche Betreuerin nicht frühzeitig involvierst, kannst Du unter Umständen eine böse Überraschung erleben.

Du hast ...

- ... Dir die ausgeschriebenen Themen Deines Fachbereichs oder Instituts angeschaut UND/ODER
- ... Dir selber ein Thema, welches Dich brennend interessiert, ausgedacht ODER
- ... ein Thema zugewiesen bekommen.
- ... Kontakt zu Deiner (möglichen) Betreuerin aufgenommen.

2.5 Arbeitstypen und Forschungsmethoden

Du hast mit Deiner Betreuerin ein Thema besprochen und Dir eventuell eine entsprechende Forschungsfrage überlegt, die Du mit Deiner Arbeit beantworten möchtest. Um das zu tun, musst Du Dir darüber Gedanken machen, mit welcher Methode Du diese Frage am besten beantworten kannst. Von Deiner Methode hängt ab, wie Du Deine Forschung durchführst. Wirst Du zum Beispiel eine Umfrage durchführen, Modelle vergleichen, Interviews führen oder Logdateien analysieren? Je nach Themenstellung passt die eine Methode besser als eine andere. Deshalb gilt es als erstes zu entscheiden, welche Art von Forschung Du betreiben möchtest. Dabei kann es für Dich hilfreich sein, über folgende Kategorisierung nachzudenken und zu überlegen, in welchen Bereich Deine Fragestellung gehört:

Wie eingangs bereits geschrieben, gibt es in der Wirtschaftsinformatik im Großen und Ganzen zwei Herangehensweisen, das heißt, wenn man anfängt, etwas zu erforschen, hat man in der Regel eins der beiden Ziele vor Augen:

1. *Ein Erklärungsziel, d. h. eine theoretische Erklärung eines Sachverhalts.*

2

Wenn Du ein Erklärungsziel verfolgst, versuchst Du mit Deiner Forschung Fragen zu beantworten wie: „Warum ist etwas so, wie es ist?", „Ist es überhaupt so, wie es scheint?", „Hat sich der Sachverhalt vielleicht im Laufe der Zeit verändert?". Beim Erklärungs- oder Erkenntnisziel geht es immer darum, die bestehende „Forschungslücke" zu verkleinern, d. h. Erkenntnis über einen bestimmten Sachverhalt zu erlangen, ihn zu verstehen und zu erklären. Anders gesagt: Durch die Erkenntnisse Deiner Arbeit ist die Welt dann ein bisschen schlauer, das vorhandene Wissen ist größer und die Forschungslücke dementsprechend kleiner geworden. In Bachelorarbeiten mit *Erklärungsziel* im Bereich Wirtschaftsinformatik geht es beispielsweise darum, die Auswirkung der Einführung neuer Informationssysteme auf die Mitarbeiter in einem Unternehmen zu untersuchen oder um die Frage, warum E-Government-Dienste von Bürgern vergleichsweise wenig genutzt werden.

Anstatt eines Erklärungsziels kannst Du mit Deiner Arbeit auch das zweite mögliche Ziel in der Wirtschaftsinformatik verfolgen:

2. *Ein Gestaltungsziel, d. h. einen Sachverhalt zu gestalten.*

Beim Gestaltungsziel steht die Erschaffung eines Artefakts im Vordergrund. Das muss nicht zwangsläufig Software sein, ein Artefakt kann auch ein Modell, eine Methode oder Ähnliches sein. In dem Fall möchtest Du nicht „nur" erklären, sondern auf Basis Deiner Erkenntnisse über einen bestimmten Sachverhalt bzw. ein Problem, das Du erkannt hast, eine greifbare Lösung entwickeln. Beispielsweise kann im Rahmen einer Bachelorarbeit untersucht werden, inwieweit eine Vorschlagsfunktionalität, die prototypisch umgesetzt wurde, im Rahmen der Geschäftsprozessmodellierung hilfreich ist.

Du weißt aus Deinem Studium, dass die Wirtschaftsinformatik ein sehr interdisziplinäres Feld mit Einflüssen aus der Informatik, der Betriebswirtschaftslehre, aber auch den Ingenieurswissenschaften, der Psychologie oder der Kommunikationswissenschaft ist. Diese Interdisziplinarität zeigt sich auch darin, dass es nicht, wie in anderen Wissenschaftsdisziplinen, die eine Theorie oder Methode gibt, mit der wissenschaftlich gearbeitet wird. Abschlussarbeiten in der Wirtschaftsinformatik können demnach sowohl empirisch orientierte Verhaltensstudien zur Nutzerakzeptanz von E-Government-Diensten als auch Arbeiten zur Optimierung von Algorithmen sein.

Wenn Du für Dich entschieden hast, ob Du ein Erkenntnisziel oder ein Gestaltungsziel verfolgst, machst Du Dir im nächsten Schritt Gedanken darüber, welche Methode Du für die Beantwortung Deiner Frage am besten nutzen kannst. Wenn Du eine Bachelorarbeit schreibst, verwendest Du gegebenenfalls auch mehr als eine Methode. Ein paar Beispiele:

1. Deine Bachelorarbeit beschäftigt sich mit Geschäftsmodelltransformation von traditionellen Energieversorgen (Smart Energy Business Models). Dafür erforschst Du zuerst die zugrunde liegenden Faktoren. Dies machst Du mithilfe eines Literaturüberblicks. In einem zweiten Schritt führst Du eine Marktanalyse zur Erhebung aktuell bestehender Geschäftsmodelle von Energieversorgern oder Smart-Energy-Start-ups durch. Aus den Ergebnissen kannst Du dann gegebenenfalls technologische „Enabler" sowie deren Auswirkungen auf bestehende Geschäftsmodelle und Entwicklungs- potenziale für neue Geschäftsmodelle ableiten. In diesem konkreten Fall hättest Du methodisch also zuerst eine Literaturanalyse, dann eine Marktanalyse durchgeführt und abschließend einen Vergleich von Geschäfts- modellen erstellt. Als strukturierende Methode, um Geschäftsmodelle übersichtlich darzustellen und weiterzuentwickeln, hättest Du für den letzten Schritt beispielsweise die Business Model Canvas [7] verwenden können.

2. Im Rahmen Deiner Bachelorarbeit soll eine vergleichende Übersicht über Web-Frameworks erstellt werden. Die Anzahl an Web-Technologien ist in den vergangenen Jahren kontinuierlich gestiegen und für jede dieser Technologien gibt es Frameworks, die Entwicklern das Leben einfacher machen sollen. Allerdings ist es in Anbetracht der Vielfalt schwierig, eine fundierte Aussage über die Qualität der einzelnen Frameworks im Vergleich zu treffen. Dies erschwert eine zunehmende Versionierung der Technologien und Frameworks. Ziel Deiner Arbeit ist es daher, die Vielzahl an Angeboten nach Technologien zu strukturieren und aufzuzeigen, welche Vorteile bzw. Nachteile einzelne Technologien und Frameworks bieten. Abschließend sollen Empfehlungen gegeben werden, in welcher Situation auf welche Technologien bzw. Frameworks gesetzt werden sollte. Wie kannst Du nun bei dieser Fragestellung vorgehen? Nachdem Du definiert hast, was ein Framework ist und Du Frameworks in den Kontext von allgemeiner Entwicklung von Web-Anwendungen gesetzt hast, verfolgst Du Dein Hauptziel, eine Klassifikation von Frameworks zu erstellen. Dazu brauchst Du zuerst einmal einen Überblick, welche Frameworks es am Markt gibt, daher machst Du eine Marktanalyse. Je nachdem, wie viele Frameworks Du findest, musst Du eine Auswahl treffen, mit der Du weiterarbeitest. Diese Auswahl musst Du natürlich begründen, d. h.: Warum hast Du Dich für diese Frameworks entschieden und warum andere außen vor gelassen (Du könntest zum Beispiel entscheiden, dass Du Dich auf Frameworks aus dem Java-Umfeld konzentrieren möchtest)? Dann musst Du Dir einen Kriterienkatalog überlegen, anhand dessen Du die Frameworks klassifizieren

2

kannst. Im letzten Schritt dieser Bachelorarbeit sollst Du Empfehlungen geben, in welcher Situation welches Framework am besten eingesetzt werden kann.

3. In Deiner Bachelorarbeit soll prototypisch eine Drag-and-Drop-Funktionalität auf Basis von clientseitigem Javascript für ein Geschäftsprozessmodellierungswerkzeug implementiert werden. In dem Fall hast Du ein ganz klares Gestaltungsziel. Dafür müssen zuerst die Anforderungen erhoben und die Funktionalität konzipiert werden. Nach der prototypischen Umsetzung kannst Du zum Beispiel im Rahmen eines Experiments testen, ob die Funktionalität zu einer schnelleren Bearbeitung führt und die allgemeine Nutzerzufriedenheit gestiegen ist.

4. Im Rahmen Deiner Bachelorarbeit soll eine IT-Architektur zur Unterstützung von prozessorientiertem Wissensmanagement entworfen werden. Hier könntest Du Dich an einer etablierten Methode in der Wirtschaftsinformatik orientieren: Design Science (siehe [1, 8]). Dieser Ansatz gibt die von Dir zu durchlaufenden Schritte vor: Problemidentifizierung, Anforderungsdefinition, Entwurf, Demonstration, Evaluation. In den ersten drei Schritten wird die Architektur entwickelt, dann im Demonstrationsschritt prototypisch umgesetzt, zum Beispiel für ein bestimmtes Unternehmen, wenn es sich um eine Arbeit in Kooperation mit einem Unternehmen handelt. Dann wird der entstandene Prototyp gegebenenfalls im Evaluationsschritt anhand von vorher festgelegten Kriterien evaluiert.

> Die Verwendung einer etablierten Methode wie Design Science ist für die Betreuerin Deiner Arbeit nachvollziehbar und der beste Weg, um mögliche Kritik an Deinem Vorgehen gar nicht erst aufkommen zu lassen. Wichtig ist jedoch – wie bereits angeklungen – dass nicht alle Methoden auf alle Probleme passen. Sprich über dieses Thema intensiv mit Deiner Betreuerin, um Probleme im Keim zu ersticken.

Anhand der Beispiele wird deutlich, dass es viele verschiedene Typen von Abschlussarbeiten in der Wirtschaftsinformatik gibt. Je nachdem, wie Dein Thema und die dazugehörige Fragestellung lauten, wird Deine Arbeit vielleicht eine Literaturanalyse, ein Vergleich (zum Beispiel Marktübersicht), eine empirische Arbeit (zum Beispiel Fallstudie, Umfrage, Interview) oder eine Implementierungsarbeit sein. Für eine Implementierungsarbeit gilt, dass die reine Implementierung noch keine Bachelorarbeit ist. Die Arbeit muss ein Gestaltungsziel haben, dass auch von wissenschaftlicher Relevanz ist. Welches Problem möchte ich mit meiner Entwicklung lösen oder zumindest verringern? Ob ich das geschafft habe, zeigt sich dann im Rahmen eines Experiments oder einer Auswertung

◘ Tab. 2.4 Literatur zu Forschungsmethoden	
Werk	**Quelle**
Bhattacherjee, A. (2012). Social Science Research: Principles, Methods, and Practices	[1]
Hevner, A.R.& Chatterjee, S. (2010). Design Research in Information Systems: Theory and Practice	[2]
Recker, J. (2013). Scientific Research in Information Systems: A Beginner's Guide	[10]
Oates, B. J. (2006). Researching Information Systems and Computing	[6]

(Evaluationsschritt). Sind die Modelle in der Modellierungsmethode durch meine eingebaute Vorschlagsfunktion besser? Hat sich die Laufzeit durch die Optimierung des Algorithmus verbessert? So stellst Du sicher, dass Deine Arbeit auch einen Beitrag zur Forschung liefert, wenn sie ein spezielles Praxisproblem löst.

> Wenn Du noch mehr über Forschungsmethoden wissen möchtest, können wir Dir mehrere Bücher empfehlen, die sich mit dem Thema beschäftigen und Dir noch weitere Hilfestellungen bei der Wahl der richtigen Methoden und Tipps zur Anwendung der einzelnen Methoden geben können. Die Werke findest Du in ◘ Tab. 2.4.

▪ Abschlussarbeiten in Kooperation mit Unternehmen

In der Wirtschaftsinformatik besteht an vielen Lehrstühlen auch die Möglichkeit, Bachelorarbeiten in Kooperation mit Unternehmen zu schreiben. Dies ist häufig eine gute Gelegenheit für Studierende, ein Unternehmen als potenziellen Arbeitgeber schon einmal näher kennenzulernen. Auch für das Unternehmen ist diese Art der Kooperation interessant, da ein Thema bearbeitet wird, das vielleicht schon länger auf der *„Man müsste sich mal Gedanken darüber machen, wenn jemand mal Zeit hat"*-Liste stand. Darüber hinaus kann sich das Unternehmen natürlich auch einen potenziellen neuen Mitarbeiter genauer anschauen. Eine klassische Win-Win-Situation! Aber hier gilt, und das wird leider häufig vergessen: Auch bei Bachelorarbeiten, die in Kooperation mit einem Unternehmen geschrieben werden, muss die Wissenschaftlichkeit gewährleistet sein. Die wissenschaftlichen Anforderungen des Betreuers müssen genauso berücksichtigt werden wie die Erwartungshaltung

2

des Unternehmens. Dies kann unter Umständen für die Studierende schwierig werden und lässt sich am ehesten dadurch vermeiden, dass beide Seiten miteinander in Kontakt stehen und vorab die Erwartungshaltungen explizit gemacht werden. Was erwartet das Unternehmen? Was erwartet die wissenschaftliche Betreuerin der Bachelorarbeit? Wenn das einmal vorab geklärt und die Machbarkeit im Rahmen einer Bachelorarbeit sichergestellt ist, kann die Kandidatin guten Gewissens ohne die Sorge loslegen, dass sie die Ansprüche der einen oder anderen Seite nicht erfüllen kann.

Du hast ...

- ... Dich für ein Erklärungsziel oder ein Gestaltungsziel entschieden.
- ... mit Deiner Betreuerin eine oder mehrere geeignete Forschungsmethoden ausgewählt.
- ... Dich, wenn du eine Praxisarbeit schreiben willst, frühzeitig mit allen Beteiligten – Betreuerin auf Universitätsseite und Betreuerin auf Unternehmensseite – in Verbindung gesetzt.

2.6 Exposé

Es ist an etlichen Universitäten üblich, dass Du, bevor Du überhaupt mit dem Schreiben Deiner Arbeit anfängst, ein Exposé abgeben sollst. In der Regel sollst Du darin beispielsweise festhalten, was genau Deine Forschungsfrage sein wird, welche Methoden Du zu verwenden gedenkst, um die Frage zu beantworten, und wie Du vorhast, Deine Arbeit entsprechend zu gliedern. Weiterhin solltest Du Meilensteine aufführen und wann Du diese ungefähr zu erreichen glaubst. Häufig passiert das noch vor dem offiziellen Beginn der Arbeit, kann aber auch in den ersten Wochen der Bearbeitungszeit erwartet werden.

Was zunächst nervig klingen mag – Du willst ja Deine Arbeit, und nicht eine Kurzfassung schreiben – ergibt auf jeden Fall sehr viel Sinn: Es gibt wenig Ärgerlicheres, als nach zehn Wochen intensiver Arbeit an Deinem Thema festzustellen, dass die Vorstellungen darüber, wie die Arbeit gestaltet sein sollte, bei Dir und Deiner Betreuerin komplett unterschiedlich sind. Im besten Fall hast Du das bereits durch diverse Betreuerinnengespräche (siehe ▶ Abschn. 2.3) geklärt, dennoch ist eine niedergeschriebene Vereinbarung etwas, an dem Du Dich sehr gut festhalten und entlanghangeln kannst. Sieh Deine Abschlussarbeit als ein Projekt, in dem Du durch ein ordentliches Zeit- und Selbstmanagement (siehe ▶ Abschn. 2.1 und 2.2). einen Projektplan erfüllen musst. Dein Exposé stellt für dieses Projekt eine Kombination eines Lastenhefts (Was erwartet die Betreuerin von Dir?) und eines Pflichtenheftes (Das ist Dein Lösungsansatz, um die Erwartungen zu erfüllen) dar. Weiterhin hat ein Exposé noch die großartige Eigenschaft, Dir dabei zu helfen, über die Arbeit zu reflektieren. Macht es Dir Spaß? Hast Du schon viele Ideen, wie Du an das Thema herangehen willst? Wenn Du schon zu diesem Zeitpunkt merkst, dass es Dir schwerfällt, Dich für das Thema zu begeistern, könnte das ein Indikator dafür sein, dass Du Dich – wenn möglich – nach einem anderen umsehen solltest. Immerhin wirst Du Dich die nächsten Wochen und Monate damit beschäftigen müssen.

Natürlich ist das, was in einem Exposé geschrieben wird, nicht in Stein gemeißelt. Du kannst in vielen Bereichen ja nur Vermutungen anstellen – wüsstest Du schon alles, würde die Arbeit ja keinen Erkenntnisgewinn mehr bringen. So kann es sich zum Beispiel herausstellen, dass die Datenanalyse nicht so funktioniert, wie Du es antizipiert hast, weil Dir keine Interviewpartner zur Verfügung stehen. In diesem Fall muss natürlich von dem im Exposé vorgesehenen Vorhaben abgewichen werden. Im besten Fall hast Du das natürlich schon im Vorfeld vorausgesehen und alternative Ansätze im Exposé definiert, aber das klappt eben nicht immer. In diesem Fall ist das Wichtigste wieder einmal: die Betreuerinnenkommunikation. Gemeinsam könnt Ihr eine Lösung finden bzw. überlegen, welche Alternativen möglich sind. Wie in jedem Projekt ist es wichtig, mögliche Probleme früh genug zu erkennen und zu organisieren – hierbei unterstützt Dich das Exposé.

Du hast …

▬ … mit Deiner Betreuerin abgeklärt, was in Deinem Exposé stehen soll.
▬ … das Exposé geschrieben.
▬ …das Exposé mit Deiner Betreuerin diskutiert und ihre Anmerkungen eingearbeitet.

Literatur

1. Bhattacherjee, A. (2012). *Social science research: Principles, methods, and practices*, Textbook Collection. 3. Tampa: University of South Florida.
2. Hevner, A., & Chatterjee, S. (2010). *Design research in information systems* (Bd. 22). Boston: Springer.
3. ISO 9001. (2015). *ISO 9000 – Quality management.*
4. Kiesewetter, J. G. C. C. (1811). *Lehrbuch der Hodegetik, oder kurze Anweisung zum Studiren.* Berlin: Nauck.

5. Kleitman, N. (1963). *Sleep and wakefulness* (Revised an). Chicago: University of Chicago Press.
6. Oates, B. J. (2006). *Researching information systems and computing*. London: SAGE Publications.
7. Osterwalder, A. & Pigneur, Y. (2010). *Business model generation: A Handbook for visionaries, game changers and challengers*. New Jersey: Wiley.
8. Peffers, K. (2007). A design science research methodology for information systems research. *Journal of Management Information Systems, 24*(3), 45–78.
9. Pinola, M. (2012). Eisenhower helps you prioritize your tasks with the urgency-importance matrix. ► https://lifehacker.com/5942972/eisenhower-helps-you-prioritize-your-tasks-with-the-urgency-importance-matrix. Zugegriffen: 9 Mai 2018.
10. Recker, J. (2013). *Scientific research in information systems: A beginner's guide*. Berlin: Springer.
11. Rückert, H.-W. (2014). *Schluss mit dem ewigen Aufschieben: Wie Sie umsetzen, was Sie sich vornehmen* (8. Aufl.). New York: Campus.
12. Seiwert, L. J. (2014). *Das 1x1 des Zeitmanagement*. München: Gräfe und Unzer.

Die Arbeit und wie sie zu schreiben ist

© Springer-Verlag GmbH Deutschland, ein Teil von Springer Nature 2019, korrigierte Publikation 2019
K. Bergener, N. Clever, A. Stein, *Wissenschaftliches Arbeiten im Wirtschaftsinformatik-Studium,* https://doi.org/10.1007/978-3-662-57949-7_3

„Man vergesse nicht, daß man schreibt um verstanden zu werden und also befleißige man sich vorzüglich der Deutlichkeit und Klarheit" [7].

3.1 Gliederung

3

Wenn Du Dich umfangreich in das Thema Deiner Arbeit eingelesen und eingearbeitet hast, kannst Du damit beginnen, Dir eine grobe Gliederung zu überlegen. Diese sollte in jedem Fall im Rahmen eines Gliederungsgesprächs mit Deiner Betreuerin abgestimmt werden. Damit Du gut vorbereitet in dieses Gliederungsgespräch gehst, kannst Du vorab Deine Gliederung darauf überprüfen, ob sie den Merkmalen einer guten Gliederung entspricht:

▬ *Angemessene Gliederungstiefe*
Eine klassische Bachelorarbeit sollte in der Regel nicht tiefer als bis in die dritte Ebene zergliedert werden. D. h., spätestens, wenn Du bei Unterkapitel 2.1.1.1. angekommen bist, solltest Du kritisch hinterfragen, ob diese Kapitelgliederung noch Sinn ergibt. Solltest Du tatsächlich auf dieser Ebene untergliedern wollen/müssen, bieten sich im Zweifel unnummerierte Zwischenüberschriften an, um dem Text Struktur zu geben. Darüber hinaus sollten Abschnitte auf der untersten Gliederungsebene nicht zu kurz, also zum Beispiel mehrere Abschnittsüberschriften auf einer Seite und nicht zu lang (deutlich über fünf Seiten) sein. An solchen Faustregeln merkst Du schnell, ob Deine Gliederungstiefe angemessen ist oder ob Du an der ein oder anderen Stelle noch einmal überlegen solltest, wie sich der Inhalt am besten darstellen lässt.

▬ *Ausgewogenheit*
Bezüglich der Ausgewogenheit gibt es auch eine einfache Faustregel: Der Hauptteil Deiner Arbeit sollte ungefähr zwei Drittel (2/3) des Gesamtumfangs ausmachen. Der Hauptteil ist schließlich Deine Eigenleistung, mit der Du glänzen möchtest. Darüber hinaus solltest Du allerdings darauf achten, dass alle Teilaspekte des Hauptteils gleichberechtigt nebeneinanderstehen. Wenn er beispielsweise aus drei Teilen besteht, sollten diese in etwa gleich lang sein und die gleiche Gliederungstiefe aufweisen.

▬ *Gleichmäßigkeit*
Wie unter dem Punkt „angemessene Gliederungstiefe" bereits erwähnt, haben alle Abschnitte auf der untersten Ebene vergleichbare Umfänge. Dazu

kommt noch ein weiteres wichtiges Merkmal einer guten Gliederung: Jeder Abschnitt, der untergliedert wird, muss mindestens zwei Unterabschnitte haben. D. h., wenn es das Kapitel 3.2.1 gibt, dann gibt es auch das Kapitel 3.2.2. Sollte Dir diese Aufteilung Schwierigkeiten machen, weil Du tatsächlich nur ein Unterkapitel anlegen möchtest, wäre es hier zum Beispiel an der Zeit, über nicht nummerierte Zwischenüberschriften nachzudenken und dieses Dilemma so zu lösen.

▪ *Überschneidungsfreiheit*
Alle Unterabschnitte sind inhaltlich disjunkt, befinden sich auf dem gleichen Granularitätsniveau und folgen einem gemeinsamen Gliederungsprinzip. Wenn Du also beispielsweise mehrere ERP-Systeme miteinander vergleichst, würdest Du für jedes System ein Unterkapitel wählen und jedes System nach gleichen Kriterien und in vergleichbarer Länge und Detailtiefe beschreiben.

▪ *Vollständigkeit*
Aus dem Merkmal „Überschneidungsfreiheit" ergibt sich zwangsläufig das Merkmal „Vollständigkeit", d. h. alle Unterabschnitte zusammengenommen sollten die Gesamtheit des übergeordneten Abschnitts repräsentieren. Ein Beispiel dazu für den Hinterkopf: Du kannst kein Kapitel „Die deutschen Bundesländer" schreiben und dann nur die drei Unterkapitel „Nordrhein-Westfalen", „Saarland" und „Bayern" behandeln. In dem Fall würden die Unterabschnitte zusammengenommen nicht die Gesamtheit des Kapiteltitels widerspiegeln.

▪ *Angemessene Überschriften*
Letztlich scheiden sich beim Merkmal „angemessene Überschriften" die Geister. Was ist eine angemessene Kapitelüberschrift und was ist es nicht? Einig ist man sich darüber, dass ausgeschriebene Sätze oder Fragen keine angemessenen Überschriften darstellen. Über Artikel in Kapitelüberschriften lässt sich streiten. Manche finden die Kapitelüberschrift „ERP-Systeme im Vergleich" eleganter als „Die ERP-Systeme im Vergleich". Unabhängig davon, ob Du eine Kapitelbezeichnung mit oder ohne Artikel passender findest, solltest Du aber in jedem Fall darauf achten, dass Du in Deinen Kapitelbezeichnungen konsistent bleibst und entweder Artikel einheitlich verwendest oder einheitlich nicht verwendest.

Jetzt zu einem klassischen Streitpunkt unter Betreuerinnen: Der eine Teil sagt, dass Platzhalterbegriffe (also Begriffe wie „Einleitung", „Hauptteil" oder „Schlussteil") vermieden werden sollten. Stattdessen sollte man sich bemühen, sprechende inhaltsgetriebene Kapitelüberschriften zu finden.

3

Manch einer reicht es auch schon, wenn Du anstatt „Einleitung" „Motivation" schreibst. Der andere Teil meint, dass Platzhalterbegriffe gar nicht so schlimm seien und ja letztendlich auch nur „sprechend" für das Kapitel stehen. Das Einleitungskapitel ist nun mal das Einleitungskapitel. Diesbezüglich solltest Du als in jedem Fall deine Betreuerin fragen, ob sie hier eine Präferenz hat.

Wenn Du Dich an diese Merkmale einer guten Gliederung hältst bzw. Deine Gliederung zwischendurch immer wieder hinsichtlich dieser Merkmale kritisch überprüfst, bist Du schon einmal auf einem guten Weg. Grundlegend sollte Deine Arbeit folgende Abschnitte (notabene: nicht „Kapitel", sondern „Abschnitte") enthalten:

- *Einleitung*
  Sie enthält die grundlegende Motivation des Themas und ordnet es in die wissenschaftliche Diskussion ein. Dafür ist es notwendig, auch schon im Einleitungskapitel Quellen zu verwenden. Studentinnen unterliegen häufig dem Irrglauben, im einleitenden Kapitel sollten/müssten/dürften keine Quellen verwendet werden. Doch, absolut! Wie solltest Du denn Dein Thema in die wissenschaftliche Diskussion einordnen, wenn Du gar nicht auf die entsprechende wissenschaftliche Literatur verweist? Darüber hinaus beschreibst Du in der Einleitung Dein Ziel bzw. Deine Forschungsfrage. Dies ist wichtig, um am Ende Deiner Arbeit überprüfen zu können, ob Du Dein Ziel erreicht bzw. Deine Forschungsfrage beantwortet hast. Abschließend könntest Du den Typ und den Aufbau Deiner Arbeit erklären und gegebenenfalls mit einem Schaubild zusammenfassen. Auch dies trägt zum Leseverständnis bei.

- *Grundlagen*
  Der Grundlagen-Teil enthält notwendige Definitionen für relevante Begriffe. Achtung, die sprachlich interessierte Leserin hat wahrscheinlich die beiden Wörter „notwendig" und „relevant" bemerkt! Alle Begriffe, die Du zur Beantwortung Deiner Forschungsfrage benötigst, sollten hier eingeführt und definiert werden, aber eben auch nur solche. Wenn Du über ERP-Systeme schreibst, benötigst Du also wahrscheinlich eher keine Definition von *Search Engine Optimization*. Insbesondere diesen Teil solltest Du am Ende noch einmal kritisch durchlesen und auf überflüssige Definitionen überprüfen. Neben der Einführung der relevanten Begriffe wird im Grundlagenteil auch die Methodik der Arbeit erläutert.

▬ *Hauptteil*
Dieser Teil der Arbeit macht den Großteil Deiner Arbeit aus und enthält
Deinen Eigenanteil. Wenn Du bisher das Thema in der wissenschaftlichen
Diskussion eingeordnet hast und den Stand der Forschung wiedergegeben
hast, laufen hier nun die Fäden zusammen. Der Aufbau ist je nach Typ der
Arbeit (zum Beispiel Literaturanalyse, Vergleich von Systemen, Metho-
den oder Modellen, Implementierungsarbeit) unterschiedlich und kann
gegebenenfalls in mehrere Abschnitte zergliedert sein.

▬ *Diskussion*
Wenn Du Deine Ergebnisse präsentiert hast, gehst Du hier nun einen Schritt
weiter. Was sind die Erkenntnisse und Implikationen Deiner Ergebnisse?
Was sind aber auch Limitationen, also Einschränkungen? Ist das Ergebnis
übertragbar? Oder nur unter bestimmten Voraussetzungen? Hier reflektierst
Du kritisch Deine Ergebnisse und „diskutierst" die Erkenntnisse.

▬ *Fazit*
Am Ende Deiner Arbeit fasst Du die Ergebnisse noch einmal kurz
zusammen. Dafür hilft es, sich vorzustellen, wie Du jemandem in ein paar
Sätzen erklärst, was Du im Rahmen Deiner Arbeit gemacht hast. Auf diesem Granularitätsniveau, wie Du es auch einer Kommilitonin beim Kaffee
erzählen würdest, schreibst Du noch einmal die wesentlichen Erkenntnisse
zusammen. Theoretisch sollte man Dein Schlusskapitel lesen und ohne Vor-
kenntnisse verstehen können, was bearbeitet wurde. Am Ende ist es immer
interessant, weitere mögliche Forschungsrichtungen aufzuzeigen. Was
könnte man jetzt mit Deinen Erkenntnissen machen? Wer könnte darauf
aufbauen? Könnte man eine Vergleichsstudie auflegen?

Wenn Deine Gliederung steht und diese auch mit der Betreuerin abgesprochen
wurde, geht es im nächsten Schritt darum, eine Argumentationslinie für jeden
Abschnitt zu entwickeln. Welche Aussagen willst Du treffen? Wie sind die
einzelnen Aussagen aufeinander aufgebaut? Was ist Dein „roter Faden"? Darüber hinaus kannst Du immer im Hinterkopf behalten, an welcher Stelle Du
vielleicht sinnvoll mit Tabellen oder Grafiken arbeiten kannst, um beispielsweise einzelne Punkte noch einmal prägnant zusammenzufassen und deren
Beziehung zueinander zu verdeutlichen. Das hilft den Leserinnen (und damit
natürlich auch Deiner wichtigsten Leserin, d. h. Deiner Betreuerin), Deinem
Gedankengang folgen zu können. Für die Argumentationslinie ist auch wichtig, dass jede Aussage einen Bezug zur Fragestellung haben muss. Auch wenn

3

manche Dinge sich einfach schön wiedergeben lassen, weil man sie gut verstanden hat, heißt das nicht, dass sie zwangsläufig zur Beantwortung Deiner Fragestellung beitragen. Es ist wichtig, dies in regelmäßigen Abständen immer wieder kritisch zu überprüfen, um den roten Faden nicht zu verlieren.

Neben dem roten Faden solltest Du einen elementaren zweiten Punkt ebenfalls regelmäßig kritisch überprüfen: Jede Aussage in einer wissenschaftlichen Arbeit ist entweder a) mit Quellen belegt, b) selbst empirisch nachgewiesen oder c) argumentativ hergeleitet. Eine Aussage fällt nie einfach so vom Himmel. Wenn Du also behauptest „viele Nutzer eines bestimmten Betriebssystems sind unzufrieden", dann musst Du das auch nachweisen können.

Wahrscheinlich ist jetzt immer noch nicht alles zum Thema Gliederung gesagt, aber wir glauben, dass Du, wenn Du Dich an die beschriebenen Merkmale und Faustregeln hältst, zumindest auf einem guten Weg bist und die klassischen Gliederungsfehler, die wir in unseren Jahren der Betreuung von Abschlussarbeiten immer wieder gesehen haben, vermeiden kannst. Einige Beispiele unserer gesammelten Gliederungsfehler sind:

- *Zu langer Grundlagen-Teil.* Dieses Problem tritt insbesondere bei sequenziellem Schreiben auf. Aus Angst, die Seiten nicht vollzukriegen, neigen Studentinnen zu überflüssigen Definitionen und Erklärungen und überdetaillierten Darstellungen von Sachverhalten. Da hilft nur eins: Sequenzielles Schreiben vermeiden und am Ende gegebenenfalls den Grundlagenteil wieder kürzen.
- *Unausgewogene Beschreibungstiefe.* Wenn Dein Hauptteil zwei gleichberechtigte Teile hat, der eine aber deutlich länger ist als der andere, weist dies auf ein ungeeignetes Gliederungsprinzip und/oder eine ungünstige Themenabgrenzung hin. Solltest Du dies bei Deiner Arbeit beobachten, hilft es, das Gliederungsprinzip zu überdenken oder gegebenenfalls eine Themeneingrenzung mit Deiner Betreuerin abzusprechen.
- *Zu flache Gliederungshierarchie.* Wenn Du hingegen in Deinem Hauptteil auf einmal sechs gleichberechtigte Teile nebeneinanderstehen hast, kann dies auf eine zu breite Auslegung des Themas, ein falsches Gliederungsprinzip oder eine fehlende Gliederungsebene hinweisen. Hier wäre ein Lösungsansatz, das Thema enger einzugrenzen, das Gliederungsprinzip zu überdenken oder gegebenenfalls Abschnitte zusammenzufassen.

Du hast ...

- ... eine angemessene Gliederungstiefe.
- ... eine ausgewogene Kapitelstruktur.
- ... einen vergleichbaren Umfang auf jeder Gliederungsstufe.
- ... überschneidungsfreie Unterabschnitte.

- … Unterabschnitte, die in Ihrer Gesamtheit vollständig den Oberabschnitt abdecken.
- … angemessene Abschnittsüberschriften.
- … eine schlüssige Argumentationslinie.
- … einen durchgängigen roten Faden.

3.2 Literatursuche Q

Du steigst nun in die konkrete Arbeitsphase Deines Abschlussarbeitsprojekts ein. Nach der Einordnung Deines Projekts in den richtigen Arbeitstyp und der Wahl eines Themas weißt Du mittlerweile, in welchem Themengebiet sich Deine Arbeit bewegen wird. Womöglich ist jetzt sogar klar, dass Du eine umfangreiche Literaturanalyse anfertigen wirst. Das ist der Zeitpunkt, um Dir einen Überblick über die bisherigen Arbeiten in Deinem Themengebiet zu verschaffen. Das klingt – ob der schieren Masse an verfügbarer Literatur in vielen Gebieten – zunächst einmal nach einem Haufen Arbeit. Diesen können wir Dir leider nicht abnehmen, wollen Dir aber mit diesem Baustein zum einen helfen, Deine Literatursuche derart zu strukturieren, dass Du Dir keine unnötige Mehrarbeit machst. Zum anderen wollen wir Dich dafür sensibilisieren, dass Du nicht alles Geschriebene und Veröffentlichte für bare Münze nehmen solltest, denn veröffentlichen lässt sich Vieles sehr einfach.

▪ Literaturtypen

Zunächst einmal gibt es viele unterschiedliche Arten von wissenschaftlich relevanten Quellen, die Du bei Deiner Recherche berücksichtigen kannst und die wir Dir im Folgenden etwas näherbringen wollen:

- Artikel in Fachzeitschriften
- Konferenzbeiträge
- Fachbücher
- Artikel in Herausgeberbänden
- Lehrbücher
- Arbeitsberichte
- Internetquellen

Grundsätzlich ist es wichtig, dass Du die Qualität von allen Quellen, die Du zur Erschließung Deines Themenkomplexes heranziehen willst, hinterfragst. In jedem der vorstehenden Quellentypen können herausragende, mitunter aber auch zweifelhafte, fragliche und sogar miserable Publikationen zu finden sein. Um die Güte einer Publikation einzuschätzen, stehen hilfreiche Ranglisten,

3

sogenannte Rankings, zur Verfügung, auf die wir später in diesem Baustein noch eingehen werden. Aufgrund der typischen wissenschaftlichen Arbeitsweise lassen sich bezüglich der oben stehenden Quellentypen jedoch Tendenzaussagen zur Güte einer Publikation treffen. In diese Aussagen fließt mit ein, inwieweit im Vorfeld der Veröffentlichung ein Begutachtungsprozess durch Fachexperten stattgefunden hat.

Artikel in Fachzeitschriften – oft auch Journals genannt – durchlaufen in aller Regel einen intensiven Begutachtungsprozess durch Experten in der jeweiligen fachlichen Domäne. Daher kann diese Publikationsart ruhigen Gewissens als die langsamste aller Publikationsarten angesehen werden. In der Regel wird nach der Ersteinreichung eines Zeitschriftenbeitrags dieser anonymisiert – um Befangenheit auszuschließen – an bekannte Experten des Fachgebiets weitergeleitet, die ihn auf Tauglichkeit zur Veröffentlichung hin untersuchen. Dies hat häufig zur Folge, dass die Autoren des Beitrags zu einer Überarbeitung und Wiedereinreichung aufgefordert werden. Dieser Zyklus von Schreiben, Einreichen und Begutachten kann dabei auch einmal mehrere Iterationen umfassen und dementsprechend viel Zeit verschlingen. Da die Beiträge in Fachzeitschriften in der Regel sehr umfassend begutachtet werden, ist hier häufig eine hohe Qualität vorzufinden. Aber Achtung: Auch bei Journals gibt es schwarze Schafe. Daher gilt auch hier: Immer hinterfragen!

Konferenzbeiträge haben in der täglichen wissenschaftlichen Arbeit – ebenso wie Journalbeiträge – zumindest im Bereich der Wirtschaftsinformatik ebenfalls einen hohen Stellenwert. Sie werden in der Regel dazu genutzt, Vorabergebnisse aus Forschungsprojekten oder Ähnlichem anderen Wissenschaftlern vorzustellen und mit diesen im Diskurs zu erörtern. Die Publikationsart kann als schnell angesehen werden, da eine Konferenz immer einen fixen Termin hat – im Gegensatz zu einer Publikation in einer Fachzeitschrift.[1] Auch Konferenzbeiträge werden nach einem Aufruf der Konferenzausrichter eingereicht und – bei den meisten Konferenzen, insbesondere bei den besser eingeordneten – einem anonymisierten Begutachtungsprozess unterzogen. Hier wird in der Regel aufgrund des fixen Konferenztermins jedoch nur eine Iteration zur Verbesserung des eingereichten Artikels durchlaufen. Dadurch ist die Qualität eines Konferenzbeitrags häufig nicht ganz der eines Journalartikels gleichzusetzen, aufgrund des Begutachtungsprozesses kann hier jedoch in weiten Teilen von einer ebenfalls relativ hohen Qualität ausgegangen werden.

Die Qualität der Veröffentlichungen (Proceedings) einer Konferenz kann grob über die Höhe der Annahmequote von Beiträgen bewertet werden. Die

---

1   Eine Sonderstellung nehmen hier die sogenannten „Special Issues" ein, die zu einem bestimmten Themengebiet Beiträge bündeln und meist auch ein fixes Publikationsdatum haben.

bekanntesten Konferenzen der Wirtschaftsinformatik, die International Conference on Information Systems (ICIS) und die European Conference on Information Systems (ECIS) haben Annahmequoten zwischen 15 % (ICIS) und 30 % (ECIS).

Fachbücher werden zu einem bestimmten Themengebiet von einer oder mehreren Autorinnen veröffentlicht. Die Publikation erfolgt hier wieder vergleichsweise langsam, da es meistens keine fixen Veröffentlichungstermine gibt – nicht zu verwechseln mit Einreichungsdeadlines von Verlagen für die Autorinnen. So werden auch bei Fachbüchern Begutachtungszyklen durchlaufen, die bei bekannten, großen Verlagen nicht nur von Fachexpertinnen, sondern auch von Lektorinnen durchgeführt werden, um eine hohe sowohl inhaltliche als auch orthografische Qualität zu sichern. Da eine jede Autorin jedoch insbesondere bei kleinen, auf diese Art von Publikationen spezialisierten Verlagen gegen Bezahlung veröffentlichen kann, was immer sie möchte, ist auch bei Fachbüchern – wie bei allen anderen Publikationsarten – Vorsicht geboten.

Artikel in Herausgeberbänden ähneln in der Veröffentlichungsweise den Journalbeiträgen. Hier werden, nach Aufruf durch die Herausgeber oder auf Anfrage dieser, Artikel zur Publikation in einem Buch eingereicht, die einem Begutachtungsprozess unterzogen werden. Diese Begutachtung wird in der Regel durch die Herausgeber durchgeführt, kann aber auch durch ausgewiesene Fachexperten stattfinden. Da auch hier die Begutachtungszyklen in der Regel keinen festen Endtermin haben, ist die Publikationsart ebenfalls eher langsam. Die Qualität der Beiträge kann dabei von hoher, aufgrund der Nichtbeschränkung von Verlagsveröffentlichungen genauso gut aber auch von schlechter Qualität sein.

Lehrbücher werden zu einem bestimmten Themenkomplex, häufig auch vorlesungsbegleitend, veröffentlicht.[2] In ihnen finden sich gebündelte, zum Verstehen eines Themenkomplexes zusammengetragene Informationen, beispielsweise für BWL, Volkswirtschaftslehre (VWL), WI oder, wie das Buch, welches Du gerade in den Händen hältst, für Abschlussarbeiten. Aufgrund derselben Begutachtungszyklen wie bei Fachbüchern und Herausgeberbänden ist auch diese Publikationsart relativ langsam. Auch hier kann die Qualität nicht pauschal eingeschätzt werden, ein Hinterfragen ist immer notwendig.

Arbeitsberichte werden von Universitäten und auch Unternehmen genutzt, um die eigene Arbeit zu dokumentieren. Im universitären Kontext werden

---

2 Beispielsweise wird das Buch „Mathematik für Wirtschaftswissenschaften" von Dr. Ingolf Terveer vorlesungsbegleitend zur Veranstaltung „Mathematik für Wirtschaftswissenschaftler" der wirtschaftswissenschaftlichen Fakultät der WWU Münster im Verlag UTB GmbH angeboten.

3

diese häufig eingesetzt, um „das eigene Revier zu markieren", sprich: der Öffentlichkeit bekannt zu machen, woran gerade geforscht und gearbeitet wird. Ansonsten kann es passieren, dass nach langjähriger Arbeit ein anderes Forscherteam schneller am selben Thema gearbeitet hat, die Ergebnisse schneller publiziert und die eigene Arbeit sprichwörtlich „für die Katz" ist. Durch die Veröffentlichung von Arbeitsberichten werden so Dopplungen möglichst vermieden. Aufgrund der fehlenden Begutachtungsinstanzen ist diese Publikationsart die schnellste aller sieben Arten. Da Arbeitsberichte jedoch in der Regel wie vorstehend beschrieben genutzt werden, befindet sich der Erkenntnisinhalt häufig jedoch noch nicht in einem weit fortgeschrittenen Stadium. Auch hier kann es natürlich Ausnahmen geben, es stellt sich jedoch immer die Frage, warum ein Arbeitsbericht geschrieben wurde und der Inhalt nicht in einem anderen Publikationsorgan veröffentlicht werden konnte.

Zu guter Letzt gibt es *Internetquellen*. Hiermit sind jedoch keine Inhalte gemeint, die anderweitig publiziert und beispielsweise von Google über Google Scholar[3] digitalisiert wurden. Bei Internetquellen handelt es sich um im Internet veröffentlichte, eigenständige Beiträge wie beispielsweise ausschließlich online publizierte Zeitungsartikel oder Blogeinträge. Da der Publikation im Internet keine Grenzen gesetzt sind, ist hier die Qualität der Veröffentlichungen am intensivsten zu hinterfragen.

> Auch trotz der weiten Verbreitung von Wissensplattformen wie Wikipedia und Co. stellen diese keine wissenschaftlich zitierfähigen Quellen dar. Dies ist damit zu begründen, dass jede Person – auch ungeprüft – Informationen auf diesen Plattformen zur Verfügung stellen kann.

Wie in der vorstehenden Beschreibung der verschiedenen Quellenarten zu erkennen sein sollte, ist gerade die Qualität der einzelnen Beiträge immer wechselhaft. Jede Quelle sollte daher intensiv auf ihre Glaubwürdigkeit überprüft und ihre Ergebnisse immer hinterfragt werden. Vorsicht ist hier insbesondere bei Büchern, Arbeitsberichten und Internetquellen geboten. Im Zweifelsfall hilft Dir hier immer Deine Betreuerin weiter.

- **Ranglisten für Fachzeitschriften und Konferenzbeiträge**

Wie im letzten Abschnitt angekündigt, wollen wir Dir eine kleine Hilfestellung in Bezug auf die Einordnung der Qualität von Fachzeitschriften und

---

3   Für weitere Informationen zur weitverbreitetsten Suchmaschine für wissenschaftliche Literatur siehe ▶ http://scholar.google.de/.

Konferenzbeiträgen geben. Hierfür gibt es verschiedene Ranglisten – Rankings – die Dich bei der Einordnung unterstützen können.

Der Verband der Hochschullehrer (VHB) als eingetragener gemeinnütziger Verein zur Unterstützung und Entwicklung der Betriebswirtschaftslehre als Universitätsdisziplin veröffentlicht in unregelmäßigen Abständen mit dem *VHB-Jourqual* ein Ranking von betriebswirtschaftlich relevanten Zeitschriften und Konferenzen auf der Grundlage von Urteilen der VHB-Mitglieder. Im VHB-Jourqual in der zum Zeitpunkt der Veröffentlichung dieses Buches aktuellen Version 3 findet sich nicht nur eine Gesamtrangliste, sondern auch eine Sammlung einzelner Bewertungen für spezielle Fachrichtungen wie beispielsweise Logistik, Operations Research, oder Wirtschaftsinformatik. Die Einordnung der Zeitschriften und Konferenzen erfolgt dabei in fünf Kategorien (A+, A, B, C, und D), wobei die Qualität der Reihe nach absteigend eingeschätzt wird. Beispielsweise unterscheiden sich die Kategorien A – „Führende wissenschaftliche Zeitschrift auf dem Gebiet der BWL oder ihrer Teildisziplinen" – und B – „Wichtige und angesehene wissenschaftliche Zeitschrift auf dem Gebiet der BWL oder ihrer Teildisziplinen" – durch die wahrgenommene Wichtigkeit für die betrachtete (Teildisziplin der) Disziplin BWL. Aufgrund des Stellenwerts gerade in Deutschland kann das VHB-Jourqual-Ranking als zuverlässige Anlaufstelle für die Überprüfung der Güte einer wissenschaftlichen Publikation zurate gezogen werden.

Die *Association for Information Systems* (AIS) ist ein weltweiter Zusammenschluss verschiedener Akteure und fungiert als Gesellschaft zur Mehrung und Verbreitung des Wissens in der Disziplin Wirtschaftsinformatik. Als internationale Dachorganisation der Wirtschaftsinformatik bietet sie angeschlossenen Mitgliedern die Möglichkeit, *AIS-Rankings* für Universitäten und Publikationsorganen zu nutzen. Hier kannst Du bei Deiner Betreuerin nachfragen, sie wird Dir sicherlich die Möglichkeit – falls vorhanden – einräumen, die Ranglisten bei Deiner Quellenüberprüfung zu nutzen.

Die *Wissenschaftliche Kommission für Wirtschaftsinformatik* (WKWI) als Unterorgan des Verbands der Hochschullehrer und deutschsprachiges Pendant zur AIS hat ebenfalls ein Ranking, sogenannte Orientierungslisten, veröffentlicht, in dem Publikationsorgane speziell für die Domäne Wirtschaftsinformatik bewertet wurden. Dieses *WKWI-Ranking* steht öffentlich zur Verfügung und kann von Dir zur Überprüfung Deiner Quellen genutzt werden.

Diese Liste an Einordnungen von Publikationsorganen ist natürlich nicht abschließend. Sie soll Dir nur einen Startpunkt bieten, den Du nutzen kannst, um die Glaubwürdigkeit Deiner Quellen zu überprüfen. Nach wie vor gilt: Überprüfe jede Quelle und bitte im Zweifel Deine Betreuerin um Unterstützung, wenn Du Schwierigkeiten hast, die Qualität einer Quelle einzuschätzen.

3

- **Literaturquellen**

Du hast viele Möglichkeiten, nach geeigneter Literatur zu suchen. Je nach Literaturtyp gibt es hier mehr oder weniger geeignete Orte für die Suche. Wenn Du auf der Suche nach Büchern oder wissenschaftlichen Artikeln in Fachzeitschriften bist, ist es in der Regel sinnvoll, wenn Du in den Katalogen einzelner Bibliotheken, etwa Deiner Universitätsbibliothek, suchst. Dies gilt sowohl für die physischen Varianten – also richtige Bücher oder Zeitschriften in Papierform – als auch für die elektronischen Pendants. In der Regel bieten Dir die Bibliotheken zusätzlich zur Suche vor Ort auch elektronische Kataloge an, die Du benutzen kannst. Öffentliche Kataloge sind beispielsweise DigiBib oder der Karlsruher Virtuelle Katalog (KVK). Einige Beispielkataloge inklusive ihrer Adresse findest Du in ◘ Tab. 3.1. Meist enthalten die Suchergebnisse der öffentlichen Kataloge auch Angaben, die Du zur Beschaffung dieser Veröffentlichungen benötigst. Häufig findest Du dort zum Beispiel Hinweise, wie Du an die elektronischen Varianten der von Dir gesuchten Literatur kommst. Zu diesen kannst Du, wenn diese nicht über Dein Universitätsnetz zu beziehen sind, Deine Betreuerin ansprechen, die in der Regel einfacher als Du an diese Literatur kommen kann. Zu physischen Dokumenten findest Du dort Angaben, wie Du diese über sogenannte Fernleihen beziehen kannst.

Darüber hinaus gibt es eine Vielzahl elektronischer bibliografischer Datenbanken, die Dir eine Übersicht über existierende Veröffentlichungen geben, unabhängig davon, wer diese besitzt. Wie bei den öffentlichen Katalogen finden sich bei den Suchergebnissen in der Regel Angaben dazu, wie Du die Publikationen beziehen kannst. Die bibliografischen Datenbanken eignen sich insgesamt gut für die Recherche nach Zeitschriftenaufsätzen, Dissertationen, Arbeitsberichten und weiterer unselbstständiger Literatur, die nicht über allgemeine Wege wie ISBN oder DOI gefunden werden kann. Beispiele für bibliografische Datenbanken sind die Elektronische Zeitschriftenbibliothek (EZB), die EBSCOhost-Datenbanken, JSTOR, ScienceDirect oder Web of Science (vormals ISI Web of Knowledge). Zu den bibliografischen Datenbanken

◘ **Tab. 3.1**   Bibliothekskataloge

Name	Adresse
OPAC (Katalog der Universitäts- und Landesbibliothek Münster)	► https://katalogix.uni-muenster.de/
DigiBib	► https://www.digibib.net/
Karlsruher Virtueller Katalog (KVK)	► https://kvk.bibliothek.kit.edu/

◘ Tab. 3.2 Bibliografische Datenbanken

Name	Adresse
Elektronische Zeitschriftenbibliothek (EZB)	► http://ezb.uni-regensburg.de/
EBCSOhost	► https://www.ebsco.com/
JSTOR	► https://www.jstor.org/
ScienceDirect	► https://www.sciencedirect.com/
Web of Science	► https://apps.webofknowledge.com/
SpringerLink	► https://link.springer.com/

zählen aber auch proprietäre, die von Verlagen angeboten werden und in denen man die vom Verlag veröffentlichte Literatur finden kann, wie beispielsweise SpringerLink. Die vorstehenden Beispiele sind auch noch einmal in ◘ Tab. 3.2 festgehalten, inklusive ihrer jeweiligen Onlineadresse.

Eine weitere Möglichkeit zur Suche nach wissenschaftlicher Literatur hat in den vergangenen Jahren immer mehr an Bedeutung gewonnen: Mit Google Scholar[4] bietet der Suchmaschinenanbieter Google eine wissenschaftliche Suchmaschine an, mit der gezielt wissenschaftliche Veröffentlichungen gefunden werden können. Wie Du Dir denken kannst, findest Du dort vieles, was Du über die anderen Suchmöglichkeiten ebenfalls finden kannst. Da Google allerdings mit seinem Vorhaben, alles publizierte Wissen zu digitalisieren, noch nicht fertig ist, findest Du hier auch nicht alles, was Du suchst. Daher empfiehlt sich Google Scholar sicherlich für eine erste, Überblick verschaffende Recherche zu einem Thema. Wenn Du allerdings eine umfassende Literaturrecherche erstellen willst, wirst Du nicht daran vorbeikommen, systematisch die anderen, ihre jeweiligen Publikationsorgane komplett abdeckenden Kataloge und insbesondere Datenbanken zu nutzen.

■ **Suchstrategie**

Nachdem Du nun weißt, an welchen Orten Du welche Art von Literatur finden kannst, fragst Du Dich natürlich, wie Du sinnvoll nach der von Dir gewünschten Literatur suchen solltest. Auch hierfür können wir Dir ein paar Tipps mit auf den Weg geben.

---

4   Siehe ► https://scholar.google.de/.

Zunächst einmal solltest Du Dir eine Wortliste mit Begriffen erstellen, nach denen Du suchen möchtest. Denke hierbei auch an Synonyme, geeignete Ober- und Unterbegriffe, verwandte Begriffe, unterschiedliche Schreibweisen, gängige Abkürzungen und Übersetzungen. Verbinde die einzelnen Begriffe der von Dir erstellten Wortliste dabei über boolesche Algebra[5] und Trunkierung[6].

3

Beispiel

Wenn Du beispielsweise nach klassisch relationalen, nicht objektorientierten Datenbanken suchen möchtest, könnte Dir der folgende Suchstring behilflich sein: ([„data base" OR Datenbank*] AND relational*) NOT (objektorientiert OR „object oriented")

> Die von Dir zu nutzenden Verknüpfungs- und Verkürzungsmechanismen können von Literaturquelle zu Literaturquelle unterschiedlich sein. Kommst Du einmal nicht weiter, nutze die Hilfefunktion des jeweiligen Anbieters.

Um Deine Suche einzuschränken, kannst Du weitere Dinge tun. Zum einen kannst Du versuchen, den Erscheinungsraum einzuschränken, wenn Du ungefähr weißt, in welcher Zeit die von Dir gesuchte Literatur veröffentlicht wurde. Suchst Du beispielsweise Literatur zum Thema Kryptowährungen, welches zum Zeitpunkt der Veröffentlichung dieses Buches hochaktuell ist, ergibt es vermutlich keinen Sinn, Veröffentlichungen zu suchen, die vor 2010 erschienen sind. Zum anderen kannst Du bei vorhandenen Informationen auch weitere Suchfelder einschränken, wie beispielsweise die Autorin, den Titel, den Abstract bzw. die Kurzzusammenfassung, die Keywords respektive Schlagworte oder sogar den Volltext der Publikation.

Hast Du erst einmal interessante und verwertbare Literatur gefunden, kannst Du diese nutzen, um weitere Quellen zu erschließen. Über die sogenannte Rückwärtssuche etwa kannst Du in interessanten Beiträgen nach der referenzierten Literatur suchen. Demgegenüber kommst Du mithilfe

---

5   Die boolesche Algebra ist eine spezielle algebraische Struktur, die sich der logischen Operatoren UND (AND), ODER (OR) und NICHT (NOT) bedient und Mengenverknüpfungen erlaubt [1].

6   Trunkierung dient zur Nutzung von sogenannten Wildcards oder Platzhaltern bei der Suche [5].

der Vorwärtssuche an weitere Beiträge derselben Autorin. Hilfreich können darüber hinaus auch Suchabonnements über RSS-Feeds oder E-Mail-Benachrichtigungen sein.

▪ Dokumentation des Suchprozesses

Wichtig ist bei der Literatursuche, dass Du diese systematisch durchführst. Selbstverständlich kann es unter Umständen sinnvoll sein, erst einmal ins Blaue hinein zu suchen, um Dich einem Themengebiet zu nähern. Willst Du ein Themengebiet – etwa für eine Abschlussarbeit vom Typ Literaturrecherche – aber genau erschließen, kommst Du um eine sorgfältige Dokumentation nicht herum. Diese schließt sowohl einen qualitativen – Wo hast Du was gefunden? – als auch einen quantitativen Teil – Wie viele verwertbare Quellen waren bei wie vielen Suchergebnissen dabei? – mit ein. Je nach Art der Arbeit sollte die Dokumentation des Suchprozesses dabei mehr oder weniger detailliert in Deiner Abschlussarbeit kommuniziert werden. Eine Faustregel gibt es auch an dieser Stelle nicht, auch dies ist daher ein Punkt, der in Deinem Betreuerinnengespräch aufgegriffen werden sollte.

> Ansätze zum Thema systematische Literaturrecherchen findest Du beispielsweise bei [2, 9].

Du hast ...

▪ ... Dich mit den unterschiedlichen Literaturarten und deren Qualitätsunterschieden beschäftigt und kannst die Qualität der gefundenen Literatur beurteilen.

▪ ... Dich über Ranglisten für Literatur schlau gemacht, welche Dir ebenfalls helfen, von Dir gefundene Literatur qualitativ einzuschätzen.

▪ ... einen Überblick über geeignete Quellen zur Literatursuche.

▪ ... Dir eine Suchstrategie zurechtgelegt.

▪ ... Deinen Suchprozess gewissenhaft dokumentiert.

3.3 **Literaturverwaltung**

Zur Zitation gehört zwangsläufig auch eine Art von Literaturverwaltung, denn sonst verlierst Du bei der Menge an Zitaten und Verweisen, die sich in einer Bachelorarbeit anhäufen, schnell den Überblick. Literaturverwaltung bedeutet

3

dabei, dass du eine Systematik hast und weißt, was du gelesen hast und wo du es für spätere Verweise wiederfindest. Für „sauberes", wissenschaftliches Arbeiten ist es daher wichtig, alle bibliografischen Daten zu gefundenen Quellen vollständig zu erfassen und das erst einmal völlig unabhängig davon, ob Du diese Quellen später tatsächlich alle in Deiner Arbeit zitierst oder nicht. Es ist sogar höchstwahrscheinlich, dass Du nur einen Teil der Quellen, die Du gefunden und gelesen hast, später auch tatsächlich in Deiner Arbeit zitierst. Zu einer zielgerichteten Literaturverwaltung gehört auch, dass Du Dir die Volltexte zu den jeweiligen Quellen irgendwo strukturiert ablegst. Du solltest auch darüber nachdenken, Quellen und eigene Notizen zu den einzelnen Quellen mit Schlagworten zu versehen, damit Du sie später leichter wiederfindest.

Wenn Du so weit bist, gibt es natürlich mehrere Möglichkeiten, Deine Literatur zu verwalten:

1. *Papier-basierte Literaturverwaltung:* Du könntest alle Quellen in gedruckter Form vorliegen haben und Dir zum Beispiel thematische Stapel machen, die wichtigen Stellen mit Post-its versehen bzw. farbig markieren und handschriftliche Notizen machen. Das geht sicherlich und manch einer favorisiert auch heute noch diese sehr „haptische" Variante.

2. *Literaturverwaltung mithilfe von entsprechender Software:* Literaturverwaltung ist dank einer Vielzahl von angebotenen Literaturverwaltungsprogrammen in den letzten Jahren deutlich einfacher geworden. Literaturverwaltungsprogramme unterstützen Dich nicht nur dabei, Deinen Literaturbestand zu verwalten, sondern haben darüber hinaus häufig noch weitere Funktionen.

Ein Literaturverwaltungsprogramm erstellt Dir Dein Literaturverzeichnis im erforderlichen Zitationsstil[7]. Viele Literaturverwaltungsprogramme können darüber hinaus in Textverarbeitungsprogramme wie Word integriert werden. Damit kannst Du sicher sein, dass alle zitierten Quellen am Ende Deines Dokuments im Literaturverzeichnis auftauchen und richtig formatiert sind. Auch kannst Du mit vielen Literaturverwaltungsprogrammen Daten aus Literaturdatenbanken und Webseiten importieren, was eine händische Eingabe überflüssig macht und Flüchtigkeitsfehlern vorbeugt.

Jedes Literaturverwaltungsprogramm hat seine Vor- und Nachteile, sicherlich auch abhängig davon, was Du alles damit machen möchtest. Daher

---

7   Ein Zitationsstil ist die Art und Weise, wie Quellen in einer wissenschaftlichen Arbeit dargestellt werden. Jede Fachkultur hat in der Regel ihre gängigen Zitationsstile. Welcher Zitationsstil für deine Abschlussarbeit genutzt werden sollte, wird Dir Deine Betreuerin sagen können.

solltest Du Dir bei der Auswahl eines für Dich geeigneten Literaturverwaltungs-programms überlegen, was Du brauchst: Möchtest Du zum Beispiel „nur" Deine Literatur verwalten und mit dem von Deiner Betreuerin geforderten Zitations-stil Dein Literaturverzeichnis erstellen? Möchtest Du zusätzlich PDFs im Pro-gramm bearbeiten können? Möchtest Du online oder offline auf Deine Quellen zugreifen können? Möchtest Du in der Aufgabenplanung bzw. im Projekt-management oder in der Wissensorganisation unterstützt werden? In Abhängig-keit von Deinen Antworten sind unterschiedliche Programme geeignet.

Es wäre daher gut, wenn Du schon vor Beginn Deiner Bachelorarbeit zwischendurch einfach einmal das eine oder andere Programm ausprobierst, denn so findest Du am besten heraus, welches Tool für Deine Ansprüche und Deine Art, zu arbeiten, am besten passt. Ein paar aktuell gängige Beispiele:

- RefWorks ist eine browserbasierte Onlinedatenbank. Bei RefWorks werden die Literaturangaben in einem Account im Internet verwaltet. RefWorks ist mit Windows, Mac und Linux kompatibel und mit dem AddIn Write-N-Cite kannst Du zum Beispiel direkt in Microsoft Word zitieren[8].
- Über die reine Literaturrecherche und -verwaltung hinaus hilft Dir bei-spielsweise Citavi[9] bei der Wissensorganisation und Aufgabenplanung, die besonders auf die Bedürfnisse der Arbeit mit Texten zugeschnitten ist. Von Citavi gibt es nur eine Version für Windows; die Nutzung auf dem Mac ist möglich, dafür musst Du allerdings mit einer Virtualisierungslösung, wie beispielsweise Parallels, arbeiten.
- JabRef[10] ist ein Open-Source-Literaturverwaltungsprogramm zum Ver-walten von Referenzen im BibTeX/BibLaTeX-Format und kostenlos für alle Betriebssysteme geeignet. Jede Referenz kann mit einer PDF-Datei und/oder einer Webseite verknüpft werden. JabRef hat Schnittstellen zu Open Office und Microsoft Office, bietet sich durch Schnittstellen zu Tex-Maker oder TexStudio aber auch für LaTeX-Nutzer an.
- Eine weitere Möglichkeit sind hybride Systeme, d. h. lokale Client-Software mit Online-Synchronisation. Ein Beispiel dafür ist das plattformunabhängige Literaturverwaltungsprogramm Zotero[11]. Zotero ist wie JabRef ein frei

---

8   Studierende der WWU Münster können RefWorks über die Universitäts- und Landesbiblio-thek (ULB) kostenlos nutzen.
9   Studierende der WWU Münster können Citavi über die ULB kostenlos nutzen.
10 ► http://www.jabref.org.
11 ► https://www.zotero.org.

3

zugängliches Programm. Ursprünglich als Erweiterung für den Webbrowser Firefox entwickelt, ist es seit 2017 als eigenständiges Programm von Firefox unabhängig zu verwenden.

▬ Das kostenlose Mendeley[12] hat ebenfalls einen lokalen Desktop-Klienten mit Online-Synchronisation und läuft plattformunabhängig auf Windows, Mac und Linux. Es hat einen eingebauten PDF-Viewer mit Kommentarfunktion und ein Word-Plugin zur Unterstützung der Zitation.

▬ Vor allem auf Mac-Nutzer ausgerichtet ist das freie Literaturverwaltungsprogramm Colwitz[13]. Es enthält zusätzliche Features wie Aufgabenverwaltung, Kalender und Networking-Tools und es gibt Apps für iOS und Android.

Diese Liste könnten wir noch endlos weiterführen, da es mittlerweile einen großen Markt für Literaturverwaltungsprogramme zur Unterstützung wissenschaftlicher Arbeiten gibt. Die Universitätsbibliothek der Technischen Universität München bietet einen guten Softwarevergleich für Literaturverwaltung (Stand Juni 2016) zum Download an. Dort wird auch konkret auf mögliche Entscheidungsfragen für ein Literaturverwaltungsprogramm eingegangen, die sicherlich hilfreich für die Auswahl sind. Auch wenn wir von einem dynamischen, wachsenden Markt im Bereich der Software-Entwicklung reden und sich innerhalb von kürzester Zeit viel ändern kann, bietet dieses Dokument nach wie vor einen detaillierten Überblick über Stärken und Schwächen der einzelnen Programme sowie eine Beschreibung des jeweiligen Funktionsumfangs[14].

Du hast …

▬ … Dich für eine papierbasierte oder softwaregestützte Literaturverwaltung entschieden oder …

▬ … Dich für ein geeignetes Literaturverwaltungsprogramm entschieden.

▬ … das von Dir gewählte Literaturverwaltungsprogramm getestet und kennst die für Dich relevanten Funktionen.

▬ … Deine gesamte Literatur gewissenhaft im Literaturverwaltungsprogramm gepflegt.

---

12 ▶ https://www.mendeley.com.
13 ▶ https://www.colwiz.com.
14 ▶ https://mediatum.ub.tum.de/doc/1316333/1316333.pdf.

3.4 Lesen wissenschaftlicher Texte

Irgendwann im Laufe des Prozesses hast Du vermutlich eine adäquate Sammlung an Literatur zu Deinem Thema gefunden und dann geht es langsam ans Eingemachte. Schonungslos vorweg: Lesen kostet Zeit! Und wissenschaftliche Lektüre ist nicht gerade der spannende Thriller oder die lustige Verwechslungskomödie, die sich leicht zwischendurch am Strand lesen lässt. Wissenschaftliche Texte haben nämlich ein paar (möglicherweise unangenehme) Eigenarten: Sie haben in der Regel einen sehr hohen Abstraktionsgrad, sie enthalten viele Fachbegriffe und auf didaktische, d. h. (ein-)leitende Mittel wird häufig weitestgehend verzichtet. Warum ist das so? Wissenschaftliche Texte richten sich in erster Linie an eine fachkundige Leserschaft, d. h. Forscher, die im gleichen Themengebiet arbeiten. Daher sind wissenschaftliche Texte gerne sehr verdichtet und logisch stringent formuliert. Als Forscher gehen wir davon aus, dass die Kollegen die Grundlagen kennen, d. h. wir positionieren uns mit unserem Thema zu Beginn unserer Veröffentlichung kurz hinsichtlich des Stands der Forschung und gehen dann direkt über zu unseren neuen Erkenntnissen. Für eine Wirtschaftsinformatik-Studierende, die gerade ihre erste größere wissenschaftliche Arbeit verfasst, ist dies natürlich nicht unbedingt hilfreich. Daher hier die nächste schonungslose Offenbarung: Es sind nicht nur viele Texte, die Du lesen musst, unter Umständen musst Du sie auch noch mehrfach lesen, bis Du sie richtig verstanden hast. Aber keine Sorge, das wird nicht bei allen Texten der Fall sein. Zum Glück gibt es Lesestrategien, die Dir dabei helfen, die relevanten von den eher irrelevanten Texten für Deine Forschungsarbeit zu unterscheiden. Eine Strategie ist beispielsweise, die richtige Lesereihenfolge einzuhalten (siehe ◗ Tab. 3.3). Damit kann es Dir nicht passieren, dass Du den gesamten Journal-Artikel oder Konferenzbeitrag liest, um dann am Ende festzustellen, dass der Text für Deine Fragestellung eigentlich überhaupt nicht relevant ist. Die vorgeschlagene Lesereihenfolge ist vielleicht nur bedingt intuitiv, hilft Dir aber dabei, möglichst schnell einzugrenzen, ob die Literatur für Deine Aufgabenstellung relevant ist oder nicht.

Wahrscheinlich bist Du über den *Titel* einer Publikation überhaupt erst auf diese gestoßen. Wenn dieser grundsätzlich passend klingt, lies Dir als nächstes den sogenannten *Abstract* durch. Ein Abstract ist die Kurzzusammenfassung des Inhalts zu Beginn eines Artikels. Wenn dieser gut geschrieben wurde, solltest Du danach schon deutlich besser eingrenzen können, ob der Artikel für Deine Aufgabenstellung relevant ist oder ob Du ihn aussortieren kannst. Wenn Du immer noch das Gefühl hast, dass der Artikel inhaltlich

3

◘ Tab. 3.3 Empfohlene Lesereihenfolge für wissenschaftliche Publikationen

Element	Zweck	Fragen/Abbruchbedingungen
Titel	Generelle Relevanz für das Thema ermitteln	Passt der Titel zu meinem Thema?
Abstract	Generelle Relevanz für das Thema ermitteln	In welchem Kontext werden meine Suchbegriffe verwendet? Welcher Typ von Artikel liegt vor? Was kann ich erwarten?
Literaturverzeichnis	Einordnen der Quelle in best. Subdisziplin/Schule/ Autorenkreis	Wie ist der Text zu interpretieren? Von welchen Begriffsauffassungen und Grundannahmen gehen die Autoren aus?
Fazit/Conclusion, Überschriften	Relevanz ermitteln, Inhaltsanalyse	Zu welchem Schluss kommen die Autoren? Werden die Erwartungen erfüllt? Wie kann ich den Text evtl. einsetzen (Definition, Unterstützung einer These, Antithese)?
Volltext	Verschlagwortung, Highlighting, Zusammenfassung	Was kann ich für meine Themenstellung lernen? Welche Stellen sind besonders wichtig? Wo kann ich vertiefend weiterlesen (→ Recherche)?

relevant sein könnte, lies Dir nicht direkt den ganzen Artikel durch, sondern wirf einen Blick auf das *Literaturverzeichnis*. Das Literaturverzeichnis kann Dir dabei helfen, die Publikation in einen größeren Kontext einzuordnen. Wen zitieren die Autoren vornehmlich? Daraus lässt sich häufig auch schließen, von welchen Begriffsauffassungen die Autoren ausgehen. Wenn Du schon tiefer im Thema bist, kannst Du darüber auch abgleichen, ob die Autoren ähnliche Autoren zitieren wie Du oder ob sie vielleicht auf Autoren und bestimmte Artikel verweisen, die für Dich interessant sein könnten, die Du aber noch gar nicht auf dem Schirm hattest. Das erhöht zwar erneut die Anzahl der von Dir zu lesenden Texte, führt aber dazu, dass Du irgendwann relativ sicher sein kannst, dass Du die Literatur zu Deinem Thema kennst.

Nach der Beurteilung des Literaturverzeichnisses liest Du Dir den *letzten Abschnitt* durch, d. h. das Fazit der Autoren. Was ist die Haupterkenntnis der

Autoren? Wie hilft Dir das für Deine Argumentationskette? Unterstützt es Deine Argumentation? Kannst Du Definitionen übernehmen? Kommen diese Autoren zu einem anderen Schluss als andere Autoren? Zusätzlich ist es dann hilfreich, einen Blick auf die *Überschriften der restlichen Kapitel* zu werfen. Das kann dabei helfen, die Kernaussagen des Artikels zu verstehen und einschätzen zu können.

Wenn Du dann immer noch das Gefühl hast, dass der Artikel für Dich relevant sein könnte, ist es an der Zeit, sich hinzusetzen und ihn tatsächlich auch *vollständig* zu lesen. Dabei hilft es, wichtige Aussagen direkt entsprechend zu markieren und/oder mit Schlagworten zu versehen, damit Du später im Schreibfluss schnell darauf zurückgreifen kannst. Auch potenzielle Zitate – vor allem wörtliche – solltest Du Dir eindeutig markieren, damit Du sie, wenn Du sie brauchst, auch schnell wiederfindest. Es kostet Zeit und Nerven, wenn man weiß, dass man etwas wörtlich zitieren wollte, aber nicht mehr genau weiß, wo man die Aussage gelesen hat.

Zur Strukturierung Deiner Gedanken ist es hilfreich, die gelesenen Texte gegebenenfalls auszugsweise zusammenzufassen oder Deine Gedanken zu visualisieren, zum Beispiel mithilfe einer Mindmap. Ob Du das auf einem Blatt Papier oder mit den vielfältigen Mindmapping-Tools (kostenfreie Mindmapping-Tools sind zum Beispiel Coogle, Mindmeister, Wisemapping oder Mind42) machst, ist Dir selbst überlassen. Die Beispiele für kostenfreie Mindmapping-Tools findest Du inklusive ihrer Onlineadressen auch in ◘ Tab. 3.4.

Mind Mapping ist eine Visualisierungstechnik, die in den 1970er Jahren vom Psychologen Tony Buzan eingeführt wurde, um komplizierte Sachverhalte sichtbar zu machen [3]. Im Gegensatz zu klassischen Notizen wie Listen o. ä. kann man bei der Mind Map direkt auf einen Blick erkennen, was das zentrale Thema ist und wie dieses Thema mit anderen Themen im Zusammenhang steht. Meist entsteht im Rahmen des Mind Mappings dann eine Art „Baum" oder eine

◘ **Tab. 3.4**   Kostenfreie Mindmapping-Tools

Name	Adresse
Coogle	▶ https://coggle.it/
Mindmeister	▶ https://www.mindmeister.com/de
Wisemapping	▶ http://www.wisemapping.com/
Mind42	▶ https://mind42.com/

3

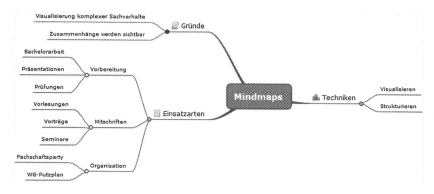

Abb. 3.1   Exemplarische Mindmap – Erstellt mit Wisemapping

„Landkarte" (Map) (siehe ◘ Abb. 3.1). Dies kann hilfreich sein, wenn Du viele Informationen und/oder Gedanken hast und diese erst einmal für Dich strukturieren und zum eigentlich Thema in Beziehung setzen möchtest. Dabei werden Zusammenhänge und Einflüsse deutlich und das kann Dir dabei helfen, Deinen roten Faden zu finden und daraus Deine Gliederung abzuleiten.

Du hast …

- ⠶ Dir die Besonderheiten wissenschaftlicher Publikationen (hoher Abstraktionsgrad, viele Fachbegriffe etc.) bewusst gemacht.
- ⠶ Dich darauf eingestellt, für Deine Arbeit zentrale Publikationen mehrfach zu lesen.
- ⠶ die empfohlene Lesereihenfolge im Kopf.
- ⠶ darüber nachgedacht, ob Du Deine Gedanken mit einer Mindmap (möglicherweise unterstützt durch ein Mindmapping-Tool) strukturieren möchtest.

3.5 Zitieren

Jetzt weißt Du, welche Art von Arbeit Du schreiben möchtest, wie Du Literatur findest und wie Du die Qualität von Quellen beurteilen kannst. Darüber hinaus hast Du Dich für ein Literaturverwaltungsprogramm entschieden, deine Quellen dort abgelegt und mithilfe einer guten Lesestrategie die Literatur auch bereits strukturiert und gelesen. Das heißt, jetzt nähern wir uns langsam dem eigentlichen Verfassen der Arbeit.

Aber vielleicht noch einmal zum grundsätzlichen Verständnis: Warum zitieren wir überhaupt aus anderen Quellen? Warum kannst Du nicht einfach drauflosschreiben? Das, was wir im wissenschaftlichen Kontext machen, baut in der Regel immer auf Vorarbeiten auf. Die können wir nicht einfach ignorieren, auch wenn uns deren Ergebnisse, Definitionen etc. vielleicht nicht in unsere Argumentationskette passen. Ein wesentlicher Anwendungskontext ist daher, Quellen als *Argumentationsgrundlage* zu nehmen. Wir übernehmen Methoden und Verfahren als Grundlage für unsere eigene Arbeit. Wir geben aber auch entgegengesetzte Meinungen wieder oder vergleichen gegensätzliche Meinungen, d. h. wir setzen uns kritisch mit dem bisherigen Forschungsstand auseinander, um unsere eigene Arbeit darin zu positionieren.

Des Weiteren nutzen wir Quellen für *Begriffsdefinitionen*. Für Deine Bachelorarbeit solltest Du wissen, wer in Deinem Themengebiet Definitionen entwickelt hat, wo bei verschiedenen Definitionen die Unterschiede sind, welches Verständnis diesen vielleicht zugrunde liegt und an welcher Stelle dazwischen sich Deine Arbeit positioniert. Du brauchst daher Quellen, um eine fremde Begriffsauffassung zu übernehmen, um einen Teilaspekt Deiner eigenen Definition zu belegen (Begriffsrekonstruktion), oder um eine möglicherweise naheliegende Begriffsauffassung explizit auszugrenzen und damit Missverständnisse zu vermeiden.

Darüber hinaus kannst Du Quellen als *Sekundärdaten* nutzen. Sekundärdaten sind Daten, die Du nicht selbst erhoben hast und die Dir beispielsweise aggregiert bereitgestellt werden, d. h. Du verweist auf Studien, die einen bestimmten Zusammenhang empirisch nachweisen oder widerlegen. Bei vielen Fragestellungen bietet es sich an, auf bereits verfügbare Daten bzw. Sekundärdaten zurückzugreifen, anstatt selbst Daten zu erheben. Das führt letztlich für dich zu einer Zeit- und Kostenersparnis. Es ist also immer hilfreich, zuerst einen Blick in die bestehende Literatur zu werfen, bevor man gegebenenfalls „das Rad neu erfindet".

In der Arbeit mit Quellen und der Einordnung der eigenen Arbeit in die bestehende Forschungslandschaft besteht nun die Aufgabe darin, die richtige Art der Zitation auszuwählen.

- **Zitationsarten**

Da wäre zum einen das *direkte (wörtliche) Zitat*. Direkte Zitate sollten sparsam eingesetzt werden. Sie werden eigentlich nur verwendet, wenn der Wortlaut entscheidend für die Bedeutung ist. Wenn Du einen Satz gelesen hast, bei dem Du der Meinung bist, dass er so prägnant formuliert ist, dass Du ihn auf keinen Fall besser formulieren kannst und er darüber hinaus entscheidend für Deine Argumentationskette ist, dann ist ein direktes Zitat angebracht. Wörtliche Zitate werden in Anführungszeichen gesetzt und sind so zu übernehmen, wie sie im Original stehen, d. h. die gleiche Sprache, die gleichen Hervorhebungen etc. Das bedeutet auch, dass Rechtschreibfehler mit übernommen werden. Diese kannst Du mit [sic] oder [sic!] kennzeichnen. Das Wort *sic*, in eckigen Klammern geschrieben, bedeutet vollständig *sic erat scriptum*, also so viel wie „so stand es geschrieben" und wird benutzt, um darauf hinzuweisen, dass eine Stelle eines Zitats korrekt zitiert wurde, also zum Beispiel Rechtschreibfehler vom Zitierenden nicht geändert wurden. So weiß auch jeder Leser, dass Du den Fehler gesehen hast, ihn aber bewusst und zitationstechnisch korrekt übernommen hast. Darüber hinaus ist bei wörtlichen Zitaten immer die Zitatstelle (eine Seite) anzugeben. Ein Beispiel:

» Nach Schopenhauer (Frauenstädt 1864, S. 20) ist es ratsam, einen Diskussionsgegner zu reizen, „denn im Zorn ist er außer Stande richtig zu urtheilen [sic]."

Wenn Du in direkten Zitaten Teile, d. h. Wörter, Halbsätze o. ä., auslässt, dann kennzeichnest Du dies durch drei Punkte in eckigen Klammern: [...]. Natürlich dürfen die Auslassungen nicht dazu führen, dass der Sinn des Zitats sich ändert.

Die häufigste Form der Referenz ist das *indirekte Zitat*, d. h. die Wiedergabe des Inhalts in eigenen Worten. Das indirekte Zitat darf den Inhalt des Originals nicht verfremden und wird durch den Einsatz des Konjunktivs klar von eigenen Inhalten abgegrenzt. Die Quellennennung erfolgt in deutschsprachigen Arbeiten mit „vgl." (vergleiche). Die Angabe von Seitenzahlen ist notwendig, wenn das Zitat sich auf einzelne Seiten eines umfangreichen Werks bezieht, damit der Leser die Passage im Original finden kann. Ein Beispiel:

» Nach Schopenhauer empfiehlt es sich, einen Diskussionsgegner zu reizen, da dieser dann nicht mehr zu einem richtigen Urteil fähig sei (vgl. Frauenstädt 1864, S. 20).

Eine weitere Zitationsart ist der *Verweis*. Der Verweis ist keine direkte inhaltliche Wiedergabe und die Quelle wird mit „siehe" oder „siehe auch" genannt. Ein Beispiel, diesmal aus der Wirtschaftsinformatik:

» Es existiert eine Vielzahl von Referenzmodellen für unterschiedliche Branchen (für einen Überblick siehe Fettke & Loos 2002).

Weniger häufig sollte die Möglichkeit, ein *Zitat aus Sekundärquellen* zu übernehmen, gewählt werden. Grundsätzlich sollte Dir jede zitierte Textstelle als Original vorliegen. Wenn die Originalquelle, aus welchen Gründen auch immer, nicht beschaffbar ist, kann ein Zitat auch aus einer Sekundärquelle übernommen werden. Das sollte aber absoluter Ausnahmefall bleiben. In diesem Fall wird dann auch nur die Sekundärquelle zitiert, sprich die Quelle, aus der Du das Zitat übernimmst und nicht die Originalquelle (denn die liegt Dir ja nicht vor). Ein Beispiel:

» James McKenny beschrieb die IT in der Mainframe-Ära noch als *unersättlichen ökonomischen Sumpf* (vgl. Zitat in Carr 2004, S. 113).

Abschließend gibt es noch die Möglichkeit des *Zitats ohne Autorenangabe*. Dies sind zum Beispiel Spezifikationen, Whitepaper, Lexika etc., bei denen kein expliziter Autor genannt ist. In diesen Fällen ist die Angabe „ohne Verfasser" oder kurz „o. V." oder die herausgebende Organisation zu nennen. Ein Beispiel:

» Im Nutzer-Handbuch des Tools finden sich zahlreiche Hinweise auf die Verwendbarkeit verschiedener DBMS-Systeme (vgl. o. V. 2003, S. 10–23).

■ **Zitierstile**

Neben den unterschiedlichen Zitationsarten gibt es in der Regel einen von der Betreuerin vorgegebenen Zitierstil, den es zu nutzen gilt. In einem Zitierstil sind Regeln festgelegt, auf welche Art und Weise in einer wissenschaftlichen Arbeit auf die zitierten Quellen verwiesen wird. Die Auswahl ist häufig abhängig vom Fachgebiet, in dem die Arbeit geschrieben wird. In der Wirtschaftsinformatik wird in der Regel der *Harvard-Zitierstil* verwendet. Er ist vergleichbar mit dem *APA-Stil,* d. h. ein Kurznachweis im Text (Autor(en), Jahr, Seiten; bei mehr als zwei Autoren mit „et al." abkürzen). Wenn der Name des Autors im Fließtext fällt, reicht die Angabe des Jahres in Klammern. Direkte Zitate sind, wie schon erwähnt, unter Angabe der Seitenzahl zu verwenden. Bei mehreren Quellen pro Autor pro Jahr wird hinter die Jahreszahl noch ein a/b/c etc. gehängt. Ein Beispiel für den APA-Stil:

» Zur Rolle formaler Qualifikation äußert sich Davenport: „[...] we found little correlation between *traditional measures* of expertise [...] and high performance." (Davenport 2005, S. 144)

Eine weitere Möglichkeit ist die *Zitation mit Fußnoten,* d. h. der Kurznachweis steht nicht im Fließtext, sondern in einer Fußnote. Ein Beispiel:

» Zur Rolle formaler Qualifikation äußert sich Davenport: „[…] we found little correlation between *traditional measures* of expertise [...] and high performance."[15]

3

Ein dritter gängiger Zitierstil in der Wirtschaftsinformatik ist der *Alpha-Stil.* Diese Zitierweise ist vor allem bei technischen Arbeiten zu finden. Dieser auch als „alphanumeric citation style" bekannte Zitierstil ist ein kurzer Zitierstil, bei dem bei einem Autor die ersten drei Buchstaben des Nachnamens und die Jahreszahl verwendet werden. Bei zwei bis drei Autoren werden jeweils nur der erste Buchstabe des jeweiligen Nachnamens und die Jahreszahl genannt, bei mehr als drei Autoren erscheint wieder nur der Erstautor mit seinen ersten drei Buchstaben samt Jahreszahl. Ein Beispiel:

» Nach Schopenhauer empfiehlt es sich, einen Diskussionsgegner zu reizen, da dieser dann nicht mehr zu einem richtigen Urteil fähig sei (vgl. [Fra64], S. 20).

- **Literaturverzeichnis**

Das Literaturverzeichnis umfasst alle in Deiner Bachelorarbeit referenzierten Quellen und auch *ausschließlich* solche, d. h. alle Publikationen, die man im Literaturverzeichnis findet, müssen mindestens einmal im Text erwähnt worden sein. Um zu vermeiden, dass sich im Literaturverzeichnis Quellen einschleichen, auf die im Text nicht verwiesen wird, empfiehlt sich die Arbeit mit einem Literaturverwaltungsprogramm (▶ Abschn. 3.3).

Zu jedem Zitierstil gibt es eine entsprechende Darstellung des Literaturverzeichnisses. Häufig sieht man auch eine Anlehnung an einen bestimmten Zitierstil bzw. leicht abweichende Darstellungsvarianten. Wichtig ist, wie eigentlich immer, dass Du konsistent arbeitest. Zu den meisten Zitierstilen gibt es darüber hinaus ausführliche Handbücher, in denen Du alles genau nachlesen kannst, wenn Du Dir mit der Darstellung unsicher bist. Einträge in einem Literaturverzeichnis im APA-Zitierstil (▶ http://www.apastyle.org) sehen für die jeweilige Quellenart beispielsweise folgendermaßen aus (siehe auch ◘ Abb. 3.2):

---

15 Davenport (2005, S. 144), Hervorhebung hinzugefügt.

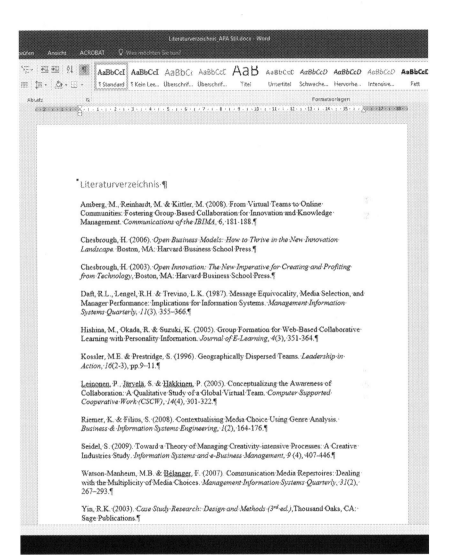

◨ Abb. 3.2 Literaturverzeichnis im APA-Stil

3

■ **Artikel in Fachzeitschriften**

Autor Nachname, Vorname Initialen & Autor Nachname, Vorname Initialen. (Jahr). Titel Artikel. *Titel Journal, Bandnummer* (Heftnummer), Seitenzahlen.

Pflanzl, N., Bergener, K., Stein, A., & Vossen, G. (2015). Information Systems Freshmen Teaching: Case Experience from Day One. *International Journal of Information and Operations Management Education (IJIOME), 6* (1), 49–69.

■ **Konferenzbeiträge**

Autor Nachname, Vorname Initialen & Autor Nachname, Vorname Initialen. (Jahr). Titel Artikel. In *Titel Konferenz, Konferenzort,* Konferenzland, gegebenenfalls Seitenzahlen.

Gorbacheva, E., Stein, A., Schmiedel, T. & Müller, O. (2015). A Gender Perspective on Business Process Management Competences Offered on Professional Online Social Networks. In *Proceedings of the 23rd European Conference on Information Systems (ECIS),* Münster, Germany, Paper 59.

■ **Fachbücher, Lehrbücher**

Autor Nachname, Vorname Initialen. (Jahr). *Buchtitel* (Auflage). Stadt, Land: Verlag.

Laudon, K.C., Laudon, J.P., Schoder, D. (2010). *Wirtschaftsinformatik: Eine Einführung* (2. Auflage), München, Deutschland: Pearson Studium.

■ **Herausgeberband/Arbeitsberichte**

Autor Nachname, Vorname Initialen (Jahr). *Titel des Herausgeberbandes.* Stadt: Verlag.

vom Brocke, J.; & Rosemann, M. *Handbook on Business Process Management 1. Introduction, Methods and Information Systems.* Berlin: Springer.

■ **Artikel in Herausgeberbänden**

Autor Nachname, Vorname Initialen (Jahr). Titel des Kapitels. In Herausgeber Nachname, Vorname Initialen (Hrsg.), *Titel des Herausgeberbandes* (Seitenzahlen). Stadt: Verlag.

Harmon, P. (2010). The Scope and Evolution of Business Process Management. In vom Brocke, J.; & Rosemann, M. *Handbook on Business Process Management 1. Introduction, Methods and Information Systems.* (37–81) Berlin: Springer.

- **Arbeitsberichte**

Autor Nachname, Vorname Initialen (Jahr), Titel des Arbeitsberichts (Titel der Reihe Nummer der Reihe). Stadt, Land.

Trautmann, H., Vossen, G., Homann, L., Carnein, M., & Kraume, K. (2018). *Challenges of Data Management and Analytics in Omni-Channel CRM* (Working Papers of the European Research Center for Information Systems No. 28). Münster, Germany.

- **Internetquellen**

Für Internetquellen (Websites, Blogs etc.) sollte gegebenenfalls ein eigenes Verzeichnis verwendet werden. Bezüglich der Beurteilung der Qualität einer Internetquelle hast du in ▶ Abschn. 3.2 schon hilfreiche Tipps bekommen. Es kann aber auch sein, dass zum Beispiel unterschiedliche Twitter-Feeds, Nachrichten-Artikel o.ä. den Untersuchungsgegenstand Deiner Arbeit darstellen. Was auch immer der Grund dafür ist, dass Du auf Internetquellen verweist, wichtig ist, im Literaturverzeichnis das genaue Abrufdatum anzugeben:

Lobo, S. (2018). *Technologiewandel – Die verpasste Zukunft.* Verfügbar unter: ▶ http://www.spiegel.de/netzwelt/web/deutschland-und-kuenstliche-intelligenz-die-verpasste-zukunft-kolumne-a-1200964.html [Abrufdatum: 04.05.2018].

> Warum solltest Du das Abrufdatum bei Internetquellen angeben? Inhalte von Internetquellen sind flüchtig und Texte oder ganze Webseiten ändern sich oder verschwinden teilweise ganz. Wenn es sich bei Deinem Untersuchungsgegenstand um Internetquellen handelt, empfiehlt es sich, Screenshots zu speichern, um nachzuweisen, dass die Quelle zum Zeitpunkt deines Abrufs so vorlag, wie Du sie zitiert hast.

Es sollte Dir aber mittlerweile klar sein, dass eine Bachelorarbeit, die überwiegend aus Internetquellen zitiert, nicht unbedingt dem Anspruch an eine wissenschaftliche Arbeit gerecht wird. Sicherlich gibt es mittlerweile viele Journals und Konferenzbände auch online, allerdings handelt es sich hierbei nicht um Internetquellen, da sie eine konkrete Bezeichnung (Ausgabe, Issue etc.) haben, die Du in Deinem Literaturverzeichnis angibst. Sie sind somit eindeutig einem Journal, einer Konferenz o.ä. zuzuordnen und haben einen Begutachtungsprozess durchlaufen, d.h. die Qualität ist gesichert. Dies gilt nicht für Webseiten-Texte, die Du zitieren möchtest (News-Seiten, Blogs, Twitter-Feeds etc.), da diese nicht unbedingt vor der Veröffentlichung begutachtet wurden.

3

▪ Plagiarismus

Leider müssen wir an dieser Stelle auch auf das leidige Thema des Plagiats eingehen. Wenn Du bis hierhin alles so gemacht hast, wie wir es beschrieben haben, solltest Du zwar nicht in die Bredouille des Plagiats-Vorwurfs geraten, aber leider kommt es immer noch viel zu häufig vor. Das grundsätzliche Dilemma des Plagiats hat Heribert Prantl im Rahmen der Plagiatsaffäre Guttenberg zusammengefasst: „Das Plagiat ist ein Schatten, der so tut, als handele es sich um einen Körper. Das kann funktionieren, solange die Sonne passend steht." [8]. Das trifft die Sache unserer Meinung nach ziemlich gut. Du kannst Glück haben und damit durchkommen, ohne, dass es jemand merkt, aber falls nicht, hat ein Plagiat auch rechtliche Konsequenzen. Dessen solltest Du Dir immer bewusst sein. Ein Plagiat ist ein vorsätzlicher Täuschungsversuch, bei dem Du versuchst, fremde Gedanken als Deine eigene Arbeit auszugeben. Das führt dazu, dass Deine Arbeit mit „nicht ausreichend" (beispielsweise „5,0") bewertet wird. Allerdings solltest Du Dir Deiner Sache auch nach der Zeugnisübergabe noch nicht sicher sein, denn plagiieren kann auch nachträglich noch schwerwiegende Konsequenzen haben. Wenn sich später herausstellen sollte, dass der Bachelor- oder Mastergrad durch Täuschung erworben wurde, kann dieser wieder aberkannt werden. Daher ist es für eine Abschlussarbeit, wie auch für jede andere wissenschaftliche Arbeit, enorm wichtig, sauber und gewissenhaft zu arbeiten und alle Aussagen zu belegen.

Wenn Du Dir nicht sicher bist, ob Du am Ende in Deiner Arbeit Textpassagen stehen hast, die Du vielleicht zu Beginn dort hineinkopiert, aber nicht sorgfältig als fremde Gedanken markiert hast, lohnt es sich immer, die eigene Arbeit durch Plagiatsfinder-Software überprüfen zu lassen. Es gibt mittlerweile eine Vielzahl von kostenlosen und kostenpflichtigen Angeboten im Internet wie PlagScan[16], PlagAware[17] oder Dupli Checker[18]. Die Kosten richten sich häufig nach der Länge des hochgeladenen Textes, d. h. Anzahl der zu prüfenden Wörter. Es kann auf jeden Fall nicht schaden, die Bachelorarbeit vor der Abgabe einmal durch solch eine Plagiatsprüfung laufen zu lassen, dann bist Du auf jeden Fall auf der sicheren Seite. Die Betreuerin Deiner Arbeit wird dies mit Sicherheit auch tun, da mittlerweile viele Universitäten Lizenzen von Plagiatssoftware erworben haben und Abschlussarbeiten standardmäßig überprüft werden.

---

16 Siehe ▶ https://www.plagscan.com/.
17 Siehe ▶ https://www.plagaware.com/.
18 Siehe ▶ https://www.duplichecker.com/.

Du hast ...

- … die möglichen Zitationsarten verinnerlicht
- … mit Deiner Betreuerin die Nutzung eines bestimmten Zitierstils abgestimmt.
- … alle Deine Zitate korrekt und gewissenhaft gekennzeichnet und nicht plagiiert.
- … gegebenenfalls ein Verzeichnis für Internetquellen angelegt und für diese Quellen das Abrufdatum angegeben.
- … Deine Arbeit mit einer Plagiatsfinder-Software überprüft.

3.6 Nutzung von Formatvorlagen

Wenn Du nach der Literatursuche und einem möglicherweise verfassten Exposé nun mit dem tatsächlichen Schreiben Deiner Arbeit beginnst, wirst Du in der Regel einige Vorgaben zum Layout der Arbeit berücksichtigen müssen. In den allermeisten Fällen gibt es von dem Lehrstuhl, an dem Du Deine Arbeit schreibst, von Deinem Institut, von Deiner Fakultät oder sogar universitätsweit Vorgaben, beispielsweise zu Schriftgröße, Seitenrändern und Zeilenabstand. Wie später im Abschnitt zum Umfang der Arbeit erläutert wird (Verweis auf ► Abschn. 3.8), ist die Begründung für solch strikte Vorgaben nicht, Dich als Studentin zu schikanieren, sondern eine Vergleichbarkeit zwischen verschiedenen Arbeiten herzustellen, da es in der Regel in Deiner Prüfungsordnung eine Seitenvorgabe für Deine Arbeit gibt, die Du ungefähr einhalten solltest.[19]

Beispiel

Stell Dir beispielsweise vor, dass Du Deine Arbeit mit den vorgegebenen Einstellungen (u. a. Schriftgröße 11 und Zeilenabstand 1,15) verfasst, ein/e KommilitonIn jedoch aufgrund nicht-gründlicher Arbeitsweise mit einer Schriftgröße von 12 und einem Zeilenabstand von 1,5. In diesem Fall würde der Umfang Deiner Arbeit den Deiner/s KommilitonIn deutlich übersteigen. Gäbe es hierfür keine Vorgaben, würdest Du letzten Endes benachteiligt, was Du sicherlich nicht möchtest. Daher ist es sinnvoll und für die Chancengleichheit unverzichtbar, dass es diese Formatvorgaben gibt.

Häufig gibt es für diese Formatvorgaben sogar Vorlagen, die Du für die gängigen Schreibprogramme wie Microsoft Word nutzen kannst, ohne die

---

19 Als Faustregel gilt hier häufig, dass Du die Seitenvorgabe um nicht mehr als 10 % über- oder unterschreiten solltest.

3

Einstellungen selber vornehmen zu müssen, was durchaus einige Zeit in Anspruch nehmen kann. Wie in so vielen anderen Fällen auch gilt hier, dass Du unbedingt mit Deiner Betreuerin über die Formatierungsvorgaben des Lehrstuhls/des Instituts/der Fakultät oder der Universität sprechen solltest. Diese wird Dir in jedem Fall sagen können, wo Du die möglicherweise vorhandenen Formatvorlagen oder zumindest die Vorgaben finden kannst. Wichtig hierbei ist, dass Du nicht eigenmächtig Einstellungen änderst, weil das im schlimmsten Fall zu einem Nichtbestehen Deiner Abschlussarbeit führen kann.

Wir gehen an dieser Stelle prinzipiell davon aus, dass Du bei Deiner Arbeit nicht betrügen willst. Daher muss ein solches, eigenmächtiges Ändern der Formatvorgaben nicht zwangsläufig heißen, dass Du zum Beispiel den Zeilenabstand oder die Schriftgröße erhöhst, um Platz zu schinden. Auch aus der anderen Richtung, beispielsweise einer Verringerung des Zeilenabstands oder der Schriftgröße, kann ein formelles Nichtbestehen resultieren. Halte die Vorgaben daher unbedingt ein. Im Zweifel hilft auch hier Deine Betreuerin.

Du hast …

- … Dich mit den Vorgaben zur formalen Erstellung Deiner Abschlussarbeit beschäftigt.
- … die vorhandene Formatvorlage zur Anfertigung Deiner Arbeit genutzt.
- … die vordefinierten Einstellungen der Formatvorlage nicht eigenmächtig geändert.

3.7 Schreiben

Wenn Du an diesem Punkt angelangt bist, dann hast Du einen großen Teil des Aufwandes, den Du für Deine Abschlussarbeit betreiben musst, schon geleistet. Anfangen zu schreiben solltest Du nämlich nicht direkt, nachdem Du Dein Thema abgeholt hast, sondern erst, wenn Du Dir Gedanken über die Gliederung (siehe ▶ Abschn. 3.1) gemacht und bereits Ergebnisse erarbeitet hast. Nichts ist frustrierender, als Text löschen zu müssen, der für Deine Arbeit – aus welchen Gründen auch immer – keine Relevanz mehr hat.

Wenn Du anfängst zu schreiben, ist es hilfreich, Dir zunächst mithilfe von Stichpunkten eine Argumentationslinie für den jeweiligen Abschnitt vorzuformulieren. So kannst Du, wenn Du mal an einer Stelle nicht weiterkommst, immer zurückspringen und Dir den richtigen Gedanken wieder in den Kopf rufen. Häufig wirst Du zu hören bekommen, dass Du die Einleitung (und den Schlussteil) erst am Ende Deiner Bearbeitungszeit wirklich ausformulieren solltest. Das ist durchaus sinnvoll, weil Du so noch einmal überprüfen kannst, ob die Inhalte auch tatsächlich so im Hauptteil Deiner Arbeit stehen. Allerdings hilft es Dir enorm, wenn Du bereits zu Beginn Deiner Arbeit die der Arbeit zugrunde liegende Motivation ausformulierst. So kannst Du Dir selber dabei helfen, die Argumentationskette für Deine gesamte Arbeit – auch *roter Faden* genannt – noch einmal zu überprüfen und festzuhalten. Die inhaltlichen Besonderheiten der Einleitung einer wissenschaftlichen Abschlussarbeit sind im Folgenden festgehalten, da es sich hier – wie auch beim Schlussteil – um einen Abschnitt Deiner Arbeit handelt, der in der Regel immer eine weitestgehend ähnliche Struktur vorweist.

■ **Die Einleitung**
Die Struktur der Einleitung ähnelt sich in den meisten wissenschaftlichen Arbeiten, weswegen sie an dieser Stelle kurz besprochen wird. Zunächst gehören in Deine Einleitung die Motivation und die thematische Verankerung Deiner Arbeit. Hier solltest Du die Aktualität und Bearbeitungswürdigkeit Deines Themas belegen und Dein Thema innerhalb des wissenschaftlichen Kontexts positionieren. Arbeiten andere Personen an ähnlichen Themen? Ist Dein Thema ein einzigartiges? In welchen Bereich fällt Dein Thema? All dies sind Fragen, die Du zu Beginn Deiner Einleitung klären solltest. Häufig wird in der WI die Globalisierungskeule geschwungen, die „zur Digitalisierung der gesamten Welt" (in gefühlt jeder dritten Arbeit) führt. Das solltest Du nicht tun, sondern Dein Thema und Deine Problemstellung detailliert einordnen können, damit Deine Arbeit sich inhaltlich von anderen Arbeiten abhebt.

Im Anschluss an die Motivation und die thematische Verankerung erläuterst du die genaue Zielsetzung beziehungsweise Forschungsfrage, die Deiner Arbeit zugrunde liegt. An dieser Stelle sei auf den Abschnitt zu verschiedenen Arbeitstypen hingewiesen (siehe ► Abschn. 2.5), in dem die Frage, ob Du gestaltungs- oder verhaltensorientiert arbeitest, geklärt wird. Auch mögliche Unterziele oder -fragen sollten an dieser Stelle präzisiert werden.

Am Ende Deiner Einleitung erläuterst Du das weitere Vorgehen Deiner Arbeit. Dies bedeutet, dass Du beschreibst, was Du in welchem Abschnitt der Arbeit vorhast. Du beschreibst an dieser Stelle sozusagen den roten Faden Deiner Arbeit. Häufig ist hier ein Schaubild hilfreich, um der Leserin auch zu späteren Zeitpunkten zu erlauben, zurückzuspringen und kurz nachzuschauen, wo sie sich gerade befindet. Ein Beispiel für ein solches Schaubild findest Du in ◘ Abb. 3.3.

3

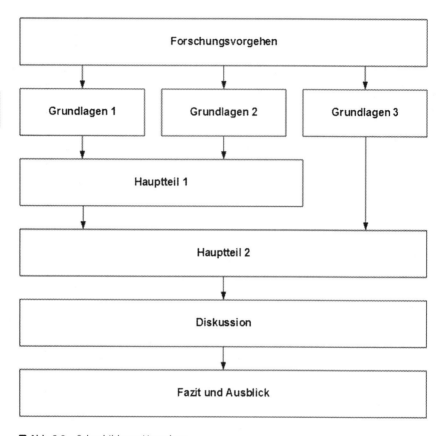

▣ Abb. 3.3   Schaubild zum Vorgehen

Es sei nochmals darauf hingewiesen, dass in der Einleitung mit Quellen gearbeitet werden soll! In der Regel – wenn nicht gerade eine Literaturrecherche Gegenstand Deiner Arbeit ist – sollten sich in der Einleitung sehr viele Quellen finden. Wie eben aufgezeigt, befinden sich in der Einleitung die Motivation und die inhaltliche Verankerung Deiner Arbeit. Wenn Du an dieser Stelle ohne Quellen arbeitest, wird schnell unglaubwürdig, dass es sich bei Deiner Problemstellung tatsächlich um eine aktuelle und relevante handelt. Daher solltest Du insbesondere an dieser Stelle größte Sorgfalt bei den referenzierten Quellen walten lassen und lieber im Zweifel noch eine zusätzliche Quelle suchen, die Deine Aussagen untermauert.

Wie weiter oben angekündigt, solltest Du – obwohl Du deine Motivation zu Beginn der Arbeit zu Papier bringen solltest – die Einleitung und den Schlussteil Deiner Arbeit erst am Ende der Arbeit vollständig ausformulieren.

- **Der Schlussteil**

Wie auch in der Einleitung ist die Struktur des Schlussteils einer wissenschaftlichen Arbeit häufig sehr ähnlich. Daher wird an dieser Stelle auch auf den Schlussteil inhaltlich genauer eingegangen.

Zu Beginn Deines Schlussteils fasst du die Ergebnisse Deiner Arbeit kurz zusammen. Du solltest hierbei wirklich nur auf die relevanten Ergebnisse und nicht noch einmal auf Dein gesamtes Vorgehen inklusive Grundlagenerarbeitung eingehen, da Du dies ja bereits in der Einleitung getan hast. Fokussiere Dich hier auf die wesentlichen Resultate Deiner Arbeit.

Im Anschluss an die Zusammenfassung der Ergebnisse folgt die Beschreibung der Limitationen Deiner Arbeit. Dies ist ein wichtiger Punkt: Häufig fällt es Studierenden schwer, die Einschränkungen der eigenen Arbeit zu benennen, weil sie fürchten, diese könnten ihnen in der Bewertung negativ ausgelegt werden. Doch darum geht es an dieser Stelle gar nicht. Du wirst mit Deiner Arbeit nicht die Weltformel erarbeiten können – wenn doch, dann melde Dich bitte bei uns, wir betreuen Dich gerne! Jede Arbeit hat, nicht zuletzt aufgrund der zeitlichen Beschränkung, einen gewissen Rahmen. Möglicherweise ist zum Beispiel bei einer gestaltungsorientierten Arbeit eine intensive Evaluation mit potenziellen Nutzern im Rahmen Deiner Arbeit zeitlich nicht mehr machbar. Genau solche oder ähnliche Limitationen hat eine jede Abschlussarbeit und die müssen an dieser Stelle genannt werden. Du bewirkst damit keine schlechte Bewertung, sondern zeigst, dass Du in der Lage bist, Dich mit Deiner Arbeit kritisch auseinanderzusetzen. Dies bewirkt im Zweifel eher das Gegenteil: eine positivere Bewertung.

Zum Ende deines Schlussteils gibst Du dem Leser der Arbeit einen Ausblick in mögliche Folgeaktivitäten Deiner Arbeit. Hier hast Du es in der Regel einfach, denn Du kannst an dieser Stelle perfekt auf die vorher beschriebenen Limitationen Deiner Arbeit eingehen. Alles, was Du mit Deiner Arbeit nicht leisten konntest, kannst Du an dieser Stelle erneut aufgreifen. Darüber hinaus kannst Du hier natürlich auch einen etwas weiteren Kreis ziehen und einen Ausblick auf die Einbettung Deiner Ergebnisse in den größeren Forschungskontext geben.

Wenn Du beides – Einleitung und Schlussteil – geschrieben hast, kannst Du überprüfen, ob die Inhalte stringent sind. Dies ist ein wichtiger Punkt. Du solltest in Deiner Einleitung keine Dinge erwähnen, die für den Rest Deiner

3

Arbeit keine Bedeutung haben. Ebenso solltest Du im Hauptteil nicht plötzlich Dinge tun, die Du nicht zumindest im Kontext des Vorgehens in der Einleitung erwähnt hast. Außerdem musst Du im Fazit Deiner Arbeit Bezug auf die Zielsetzung Deiner Arbeit nehmen, um zu vermitteln, ob Du das Dir gesteckte Ziel erreicht hast. Eine Formel hierfür gibt es nicht, wichtig ist, dass Deine Arbeit eine abschließende und stringente Argumentationskette hat und alles, was sich in ihr wiederfindet, eine Bedeutung für die Arbeit hat.

- **Der Schreibstil**

Wenn Du Dich in der Situation wiederfindest, dass Du nicht weißt, wie Du den nächsten Satz zu Papier bringen kannst, dann ruf Dir immer wieder ins Gedächtnis, dass Du auch zunächst mal an einer anderen Stelle weiterschreiben kannst. Die wenigsten Menschen schaffen es, eine Arbeit von vorne nach hinten durchzuarbeiten. Neben Pausen, die Du Dir immer wieder gönnen solltest (siehe ▶ Abschn. 2.2), kann es auch helfen, an einer anderen inhaltlichen Stelle weiterzumachen, um Deinen Kopf wieder frei zu bekommen.

Wenn es ans Schreiben wissenschaftlicher Arbeiten oder Texte geht, denkt man häufig in erster Linie an umständliche, verschachtelte Sätze und viele Fachbegriffe und Fremdwörter. Das Gerücht, dass ein solcher Schreibstil wissenschaftlich ist, hält sich hartnäckig. Wir fragen uns nur: Warum? Es kann doch nicht im Sinne des Erfinders sein, Texte zu produzieren, die absichtlich schwierig zu verstehen sind. Wie sieht es zum Beispiel mit Fremdwörtern aus? Grundsätzlich können Fremdwörter, richtig eingesetzt, Dinge versachlichen und Präzision sowie Kürze ermöglichen. Der Duden schreibt hierzu: „Für die Wahl eines Wortes ist im Grunde nicht seine Herkunft interessant, sondern die Leistung, die es im Satz zu vollbringen vermag. So haben Fremdwörter in der deutschen Sprache ganz spezifische Funktionen, die die deutschen Entsprechungen oft nicht leisten können." [4]. Das trifft den Nagel auf den Kopf. Daher, wie bereits gesagt: Richtig eingesetzt helfen Fremdwörter ungemein. Falsch eingesetzt wirken sie dagegen schnell aufgesetzt und im schlimmsten Fall sogar so, als wüsstest Du selbst nicht genau, was Du eigentlich sagen möchtest. Eine Faustregel hierzu: Wenn es ein gutes deutsches Wort für das gibt, was Du zum Ausdruck bringen möchtest, dann nutze es!

Grundsätzlich gibt es auch bezüglich des wissenschaftlichen Stils ein paar klassische Fehler, die wir über die Jahre hinweg immer wieder gesehen haben und die sich mit entsprechender Sorgfalt und einer kritischen Durchsicht des Geschriebenen vermeiden lassen. Dazu gehören die im Folgenden festgehaltenen Klassiker, jeweils anschaulich mit Beispielen beschrieben:

Beispiel

„Zur Prozessdokumentation sollte man Prozessmodelle einsetzen."
Bei dieser Aussage gibt es zwei Probleme:

1. Die Verwendung von „man" ist umgangssprachlich und sollte vermieden werden.
2. Die Aussage ist normativ. Solche Aussagen sind entweder durch Quellen zu belegen oder argumentativ herzuleiten. Also besser: „Harmon empfiehlt den Einsatz von Prozessmodellen zur Prozessdokumentation (vgl. […])" oder „Die o. g. Eigenschaften legen den Einsatz von Prozessmodellen zur Prozessdokumentation nahe." (Harmon […]) Im zweiten Fall hast Du vorher Eigenschaften beschrieben und ziehst daraus den Schluss, dass Prozessmodelle zur Prozessdokumentation sinnvoll sind.

Auch am folgenden Beispiel wird deutlich, wie Du besser nicht formulieren solltest:

Beispiel

„An dieser Stelle muss festgehalten werden, dass die Aussage, dass Kommunikation als wichtiger Erfolgsfaktor für schwach strukturierte Aufgaben identifiziert wurde, als zutreffend bezeichnet werden kann (vgl. […])."
Jetzt die interessante Frage: Klingt das für Dich wie ein wissenschaftlicher Satz? Wahrscheinlich schon. Hast Du ihn verstanden? Wahrscheinlich nicht ganz. Warum? Weil viele unnötige, da inhaltsfreie, Satzbestandteile den Inhalt verklären und das Lesen erschweren. Was der Satz eigentlich aussagt ist: „Kommunikation ist ein wichtiger Erfolgsfaktor für schwach strukturierte Aufgaben (vgl. […])." Klingt irgendwie verständlicher, oder? Daher wieder eine Faustregel: Versuche die Aussagen, die Du treffen möchtest, nicht unnötig zu verkomplizieren. Wissenschaftliches Schreiben bedeutet nicht, Texte so aufzubauen, dass sie nur noch schwierig zu verstehen sind, auch wenn die Aussage eine einfache ist.

Dies bringt uns auch direkt zum nächsten und letzten Beispiel:

Beispiel

„Wie im präzedenten Abschnitt extensiv eruiert wurde, steht jede Normalform ex definitione in sukzessiver Dependenz zu ihrem jeweilig subordinierten Analogon."
Verstanden? Wahrscheinlich schon, allerdings sind wir hier wieder beim Thema des Einsatzes von Fremdwörtern. Auch hier führt ein übertriebener Einsatz von Fremdwörtern zur künstlichen Verkomplizierung des Texts. Besser: „Wie im vorherigen Abschnitt bereits erläutert, setzt jede Normalform die jeweils untergeordneten Normalformen voraus." Das klingt doch schon viel besser, oder?

3

Du merkst: Wissenschaftliches Schreiben ist nicht dazu gedacht, sich über die Nutzung von hochtrabender Sprache, Fachbegriffen und Fremdwörtern von anderen Autoren abheben zu wollen, und auch nicht dazu, sich durch ein schwieriges Verständnis des Textes „unangreifbar" zu machen. Vielmehr ist es so, dass die besten wissenschaftlichen Texte die sind, die sich durch eine einfache Sprache auszeichnen und gleichzeitig präzise argumentierend den beschriebenen Sachverhalt vermitteln. Hierzu gehört selbstverständlich ein wenig Übung, denn auch beim wissenschaftlichen Schreiben ist noch kein Meister vom Himmel gefallen.

An der WWU Münster gibt es für Studierende aller Fachrichtungen seit 2008 das Schreib-Lese-Zentrum (▶ https://www.uni-muenster.de/Schreiblesezentrum/). Dort werden vielfältige Seminare rund um das wissenschaftliche Schreiben und Arbeiten angeboten (zum Beispiel *Verfassen einer wissenschaftlichen Arbeit – Planen, Schreiben, Überarbeiten* aber auch *Rechtschreibung und Zeichensetzung*). Wir wissen, dass es auch an anderen Universitäten solche Einrichtungen gibt, häufig unter dem Namen Schreibwerkstatt, Schreiblabor o. ä.

Du hast …

- … in der Einleitung Deine Arbeit anhand aktueller und relevanter Quellen motiviert und im thematischen Kontext verankert.
- … in der Einleitung die Zielsetzung beziehungsweise Forschungsfrage Deiner Arbeit präzisiert.
- … in der Einleitung das weitere Vorgehen dargelegt.
- … auf einen sinnvollen Einsatz von Fachbegriffen und Fremdwörtern geachtet.
- … einen einfachen, aber präzisen Schreibstil genutzt.
- … im Schlussteil die Ergebnisse Deiner Arbeit zusammengefasst.
- … im Schlussteil die Limitationen Deiner Arbeit beschrieben.
- … im Schlussteil basierend auf den Einschränkungen Deiner Arbeit einen Ausblick in Folgeaktivitäten gegeben.

3.8 Umfang

Wenn Du bisher nur Seminararbeiten oder Aufsätze geschrieben hast, die einen Umfang von ca. zehn Seiten haben, kann eine Anforderung von 40 bis zu 100 Seiten (je nach Typ der Arbeit) ganz schön heftig klingen. Häufig wird der

Umfang durch die Prüfungsordnung vorgegeben, in Münster hat eine Bachelor-arbeit beispielsweise einen zu erwartenden (!) Umfang von etwa 40 Seiten, eine Masterarbeit von etwa 80 Seiten. Das Ganze ergibt natürlich nur Sinn und Vergleichbarkeit, wenn eine geeignete Formatvorlage (siehe ▶ Abschn. 3.6) ver-wendet wird. Mit Schriftgröße 24 und 6 cm Randabstand bekommst Du die 40 Seiten schnell voll – sinnvoll ist das aber eher nicht.

Der Seitenumfang – bzw. die Nutzung der Formatvorlagen, um diesen ordentlich zu erreichen – ist Gegenstand lustiger Diskussionen.

Beispiel

Ein Student der Rechtswissenschaften dachte, dass es eine gute Idee sei, durch die Veränderung der Schriftgröße ein wenig zu schummeln. Leider fand der Betreuer das nicht lustig und bewertete die Arbeit als nicht ausreichend. Eine Klage des Studenten scheiterte [6]. Merke: Das solltest Du vielleicht lieber nicht machen!

Grundsätzlich können wir zwei Lager sehen. Die eine Fraktion sagt, dass gute Forschung so viel Platz benötigt, wie sie eben braucht – sie lässt sich nicht in Seitenrestriktionen sperren. Die andere Fraktion ist der Meinung, dass es ein Qualitätsaspekt einer guten Akademikerin ist, Inhalte auf den Punkt gebracht zu vermitteln. Die Kernaussagen müssen in einen „Elevator Pitch" passen, also der Nachbarin im Aufzug in den drei Minuten bis ins Obergeschoss alles erklärt werden können, aber auch vollständig ausformuliert auf 80 Seiten dargelegt werden können. Letzterer Ansatz ist der, der unserer Erfahrung nach von den meisten Betreuerinnen verfolgt wird. Gut ist, dass Du grundsätzlich als Ver-fasserin der Arbeit auf der sicheren Seite bist: Wenn Deine Betreuerin mit Dir ein Thema für eine Masterarbeit bespricht und der erwartete Umfang 80 Seiten beträgt, sollte sie im Kopf haben, ob und wie das passt. Sollte das Thema zu breit sein, würden evtl. mehr Seiten benötigt, sodass es ihre Aufgabe wäre, es ent-sprechend einzugrenzen. Ist das Thema zu eng bemessen, müssen gegebenen-falls noch zusätzliche Aspekte berücksichtigt werden, damit Du nicht nach 20 Seiten nicht mehr weißt, was Du noch schreiben sollst. So ganz kommst Du aus der Verantwortung aber natürlich nicht heraus: Frage Dich zu jeder Zeit, ob das, was Du gerade schreibst, *wirklich* wichtig für den Inhalt der Arbeit ist – und umgekehrt: Habe ich eigentlich *alles* berücksichtigt, was für die Bearbeitung des Themas relevant ist? Wenn Du beide Fragen mit „Ja" beantworten kannst und trotzdem (um bei dem Beispiel oben zu bleiben) nach 60 Seiten fertig bist, dann kann es sein, dass das Problem ein falsch zugeschnittenes Thema ist. Es emp-fiehlt sich in dem Fall, wenn sich dieser Eindruck verstärkt, mit der Betreuerin Rücksprache zu halten.

3

Häufig existieren übrigens auch Regeln, die besagen, dass „+/−10 % Abweichung von der Zielseitenzahl ohne Punkt- oder Notenabzug in Ordnung" seien. Hier kommt auch wieder der Typ von Arbeit ins Spiel: Hast Du viele Abbildungen, die für das Verständnis Deiner Arbeit relevant sind? Musst Du viel aus Interviews zitieren? Häufig können solche Informationen in den Anhang der Arbeit geschoben werden, um den eigentlichen Inhalt nicht unnötig aufzublähen oder den Leser mit einer umfassenden Auflistung von Daten zu langweilen oder zu verwirren. Verweisen solltest Du aber auf jeden Fall darauf, allein um Transparenz zu zeigen und Deine ordentliche Arbeitsweise darzulegen.

Beispiel

Du hast Dir viel Mühe bei der Datensammlung gemacht und über 50 Interviews transkribiert. In diesen Interviews haben die Teilnehmer unheimlich viele interessante Dinge gesagt, die Du der Welt gerne mitteilen möchtest. Wie bei allen anderen Inhalten, die Du verfasst, solltest Du Dich auch hierbei fragen: Bringt ein zusätzliches Zitat aus den Interviews oder eine weitere Kennzahl dem Leser einen Mehrwert oder kann ich nicht vielleicht ein Zitat stellvertretend in meinen Text setzen, die anderen aber in den Anhang, wo die geneigte Leserin nachschlagen kann, wenn sie denn möchte?

Du hast …

- … Dich über den zu erfüllenden Umfang Deiner Abschlussarbeit informiert.
- … nur für die Arbeit relevante Aspekte in diese aufgenommen.
- … alles berücksichtigt, was relevant für die Arbeit ist.
- … Dich bei positiver Beantwortung der drei vorhergehenden Punkte und einer signifikanten Abweichung Deiner Arbeit vom geforderten Umfang mit Deiner Betreuerin kurzgeschlossen.

3.9 Fertigstellung

Du bist fertig mit dem Schreiben Deiner Abschlussarbeit? Prima! Unterschätze nur bitte jetzt die Abgabe Deiner Arbeit nicht. Du solltest hierfür genügend Zeit einplanen, damit Du nicht Gefahr läufst, Dein Werk nicht rechtzeitig einzureichen. Bedenke, dass Du Deine Arbeit im Hinblick auf formale Sauberkeit von vertrauenswürdigen Personen, wie beispielsweise Deinen Eltern oder Freunden, Korrektur lesen lassen solltest und auch das einige Zeit kostet, in der Du im Zweifel selber gar nichts tun kannst (siehe ▶ Abschn. 2.2). Wähle Deine Korrekturleser möglichst vielfältig! Im besten Fall hast Du als Unterstützung sowohl einen Kommilitonen, der inhaltlich Korrekturlesen kann, als auch jemanden wie eine fachfremde Mitbewohnerin, Geschwister, Eltern o. ä., die vom Inhalt gar nicht viel Ahnung haben. Sie müssen sich dadurch zwangsläufig mehr auf Rechtschreibung, Grammatik, Tabellenformatierung etc. konzentrieren und werden in der Regel Fehler finden, die Du wahrscheinlich selbst nie mehr gesehen hättest.

Bedenke auch, dass der Druck in einem Copy-Shop einige Zeit in Anspruch nimmt, weil Du in der Regel Deine Arbeit nicht nur in einem Schnellhefter abgeben kannst, sondern diese mit einer Klebebindung versehen werden muss. Du solltest darüber hinaus nicht vergessen, die Redlichkeitserklärung, die obligatorisch ist, zu unterzeichnen. Vergiss nicht, dass Du Deine Arbeit in der Regel nur zu den regulären Arbeitszeiten bei Deiner Betreuerin oder im Sekretariat Deines Lehrstuhls abgeben kannst. Wenn Dein Abgabetermin auf einem Freitag liegt, solltest Du nicht davon ausgehen, dass Du auch um 19:57 Uhr noch jemanden im Sekretariat antriffst. Sprich die physische Abgabe daher immer mit Deiner Betreuerin ab!

> Da es sich bei der Abgabe Deiner Abschlussarbeit um einen rechtlich relevanten Vorgang handelt, muss die Universität einen sogenannten Fristenbriefkasten zur Verfügung stellen. Alles, was sich am Morgen des nächsten Werktags in diesem Briefkasten befindet, gilt als fristgemäß abgegeben. Da dies mit zusätzlichem Aufwand für Deine Betreuerin verbunden ist, solltest Du das nach Möglichkeit aber vermeiden und nur als letzten Ausweg im Falle von unvorhergesehenen Komplikationen ansehen.

Je nach Regelung durch Deine Prüfungsordnung erfolgt im Anschluss an Deine Abgabe nicht nur die Begutachtung durch Deine Betreuerin, sondern möglicherweise auch eine Präsentation. Dies ist insbesondere häufig bei Praxisarbeiten der Fall, da das betreuende Unternehmen häufig auch einen Überblick verschaffenden Vortrag für höhere Führungsebenen erwartet. Hierzu findest Du einige Einblicke in ▶ Abschn. 4.3.

Du hast …

- ▪ … Deine Arbeit rechtzeitig fertiggestellt.
- ▪ … beim Copy-Shop geklärt, wie es um deren Verfügbarkeit zum Druck und zur Bindung steht.
- ▪ … Deine Arbeit drucken lassen.
- ▪ … Deine Arbeit binden lassen.

▬ … die physische Abgabe Deiner Arbeit mit Deiner Betreuerin abgesprochen.

▬ … Deine Arbeit fristgerecht abgegeben.

▬ … Dich für den Notfall informiert, wo sich der Fristenbriefkasten Deiner Universität befindet.

3   Literatur

1. Beutelspacher, A., & Zschiegner, M.-A. (2010). *Diskrete Mathematik für Einsteiger.* Wiesbaden: Vieweg + Teubner.
2. Brocke vom, J., Simons, A., Riemer, K., Niehaves, B., Plattfaut, R., & Cleven, A. (2015). Standing on the shoulders of giants: Challenges and recommendations of literature search in information systems research. *Communications of the Association for Information Systems, 37*(1), 205–224.
3. Buzan, T. (1977). *Making the Most of your Mind.* London: Pan Books.
4. Duden Online. (2018). Funktionen von Fremdwörtern. ► https://www.duden.de/sprachwissen/sprachratgeber/Funktionen-von-Fremdwortern. Zugegriffen: 5 Juli 2018.
5. Hedtstück, U. (2012). *Einführung in die Theoretische Informatik: Formale Sprachen und Automatentheorie: Formale Sprachen und Automatentheorie* (5. Aufl.). München: Oldenbourg Wissenschaftsverlag.
6. Himmelrath, A. (2018). Urteil zu Hausarbeiten – Studenten müssen geforderten Seitenrand einhalten. ► http://www.spiegel.de/lebenundlernen/uni/nuernberg-urteil-zu-hausarbeiten-studenten-muessen-seitenrand-einhalten-a-1187324.html. Zugegriffen: 5 Juli 2018.
7. Kiesewetter, J. G. C. C. (1811). *Lehrbuch der Hodegetik, oder kurze Anweisung zum Studiren.* Berlin: Nauck.
8. Prantl, H. (2011). Man kann auch über Fußnoten stolpern. *Süddeutsche Zeitung.*
9. Webster, J., & Watson, R. T. (2002). Analyzing the past to prepare for the future: Writing a literature review. *MIS quarterly, 26*(2), xiii–xxiii.

Die Abgabe und wie die Arbeit bewertet wird

© Springer-Verlag GmbH Deutschland, ein Teil von Springer Nature 2019,
korrigierte Publikation 2019
K. Bergener, N. Clever, A. Stein, *Wissenschaftliches Arbeiten im Wirtschaftsinformatik-Studium*, https://doi.org/10.1007/978-3-662-57949-7_4

„Man lese sich seine Arbeit selbst laut vor um die Härten besser zu bemerken und der Darstellung mehr Wohllaut und Rundung zu geben. […] Man theile anderen seine Aufsätze mit und benutze ihre Anmerkungen" [1].

4.1 Bewertungsgrundlagen

4

Wie in den Abschnitten zum Umfang Deiner Arbeit und zur Nutzung von Formatvorlagen schon erläutert, ist es zwingend notwendig, dass es zwischen den Abschlussarbeiten verschiedener Studierender im Sinne der Chancengleichheit eine möglichst hohe Vergleichbarkeit gibt. In diesem Kontext ist natürlich insbesondere die letztliche Bewertung Deiner Arbeit von entscheidendem Interesse. Um auch in der Bewertung die Vergleichbarkeit zu gewährleisten – und damit nicht in die Gefahr der Abhängigkeit von der Subjektivität einzelner Betreuerinnen zu laufen – gibt es auch zur Bewertung Deiner Arbeit Vorgaben. Häufig lassen sich Universitäten zu diesem Zweck Studiengänge von bestimmten Institutionen akkreditieren, um ein Gütesiegel zu erhalten und so eine Qualitätsgarantie Dir als Studentin gegenüber zu signalisieren. Für den Bereich der Wirtschaftswissenschaften gibt es beispielsweise die *Association to Advance Collegiate Schools of Business* (AACSB), deren Akkreditierung einen hohen Stellenwert in der universitären Welt innehat. Im Fachbereich Wirtschaftswissenschaften der WWU Münster beispielsweise sind alle Studiengänge AACSB-akkreditiert, wodurch gemeinhin von einer hohen Qualität der Lehre ausgegangen werden kann. Die AACSB und auch andere Institutionen bieten im Hinblick auf die Bewertung von Abschlussarbeiten jedoch in der Regel keine vordefinierten Bewertungsschemata an, sondern schreiben lediglich vor, dass sich die zu akkreditierenden Institutionen Gedanken über ein solches Bewertungsschema machen müssen, dieses schriftlich festgehalten sein und durchgängig angewendet werden muss. Ohne das Vorhandensein eines solchen Schemas erfolgt keine Akkreditierung.

Der Fachbereich Wirtschaftswissenschaften der WWU Münster hat sich in diesem Zuge auf ein Bewertungsschema geeinigt, dessen Aspekte im Folgenden kurz dargelegt werden. Falls Du an einer anderen Universität oder an einem anderen Fachbereich studierst, kannst Du bei Interesse Deine Betreuerin nach dem jeweils angewendeten Bewertungsschema fragen. Insgesamt gibt es zum Zeitpunkt der Veröffentlichung dieses Buches vier Oberkategorien, die das

Bewertungsschema in sinnvolle Abschnitte teilen. Dies sind die *Inhaltliche Qualität*, die *Strukturelle Qualität*, die *Redaktionell-formale Qualität*, und die *Berücksichtigung ethischer Aspekte und Aspekte der Nachhaltigkeit*.

▪ **Inhaltliche Qualität**

Die inhaltliche Qualität wird ihrerseits in fünf Aspekte eingeteilt. Zunächst wird hier die Qualität der einleitenden Aspekte überprüft. Hierzu zählen die Motivation der Problemstellung, die Klarheit der Zielsetzung oder Forschungsfrage und die Klarheit des weiteren Vorgehens. Ferner wird die Qualität der Vorgehensweise bewertet. Hierbei geht es vor allem um die Angemessenheit und Begründung Deines Vorgehens. Weiterhin zählt die Qualität der Daten bzw. Literatur. Hier wird bewertet, wie angemessen Deine Literatur- und, falls vorhanden, Datenauswahl ist und, im zweiten Fall, wie angemessen Deine Datenerhebung durchgeführt wurde. Der nächste Punkt ist die Qualität der Datenanalyse und Deine Argumentation. Hierbei geht es vor allem um Schlüssigkeit, Nachvollziehbarkeit und den Umfang. Da dieser Teil den Hauptteil Deiner Arbeit darstellt, sollte hier in der Regel auch der größte Teilumfang vorzufinden sein. Zu guter Letzt wird die Qualität der ausleitenden Aspekte beurteilt. Hier zählen Zusammenfassung, Schlussfolgerung, Limitationen Deiner Arbeit und ein Ausblick.

▪ **Strukturelle Qualität**

Im Rahmen der strukturellen Qualität werden drei Aspekte begutachtet. Zuerst ist die Qualität der Verankerung Deiner Arbeit wichtig. Schaffst Du es, Deine Arbeit vernünftig in den wissenschaftlichen Kontext einzuordnen? Weiterhin zählt die Qualität des Arbeitsaufbaus. Hierunter fallen der generelle Aufbau der Arbeit, die Gliederung und die Gewichtung der einzelnen Teile Deiner Arbeit. Zuletzt wird die Qualität der Arbeitskomposition bewertet. Hierbei geht es vor allem um die Beziehung der einzelnen Teile Deiner Arbeit und den sogenannten roten Faden, sozusagen eine durchgehende Struktur bzw. ein durchgängiges Ziel.

In Bezug auf die Beziehung der einzelnen Teile zueinander ist es enorm wichtig, dass Du alles, was Du in den Grundlagen erläutert hast, beispielsweise bestimmte Methoden, Algorithmen oder Definitionen, später im Hauptteil der Arbeit wieder aufgreifst. So kannst Du Dich auch gut selbst überprüfen, wenn Du am Ende Deine Arbeit Korrektur liest. Alles, was in den Grundlagen steht und Du später nicht wieder aufgreifst, fliegt raus!

▪ Redaktionell-formale Qualität

Die redaktionell-formale Qualität wird mitunter oft unterschätzt. Zwar ist es – im Vergleich zu den oben genannten Abschnitten – schwierig, über diese Kategorie zu einer besonders guten Bewertung zu gelangen, allerdings ist eine Vernachlässigung dieser Kategorie Deinerseits ein ärgerlicher Abwertungsgrund. Ärgerlich deswegen, weil er sich relativ einfach vermeiden lässt. Im Rahmen der redaktionell-formalen Qualität werden zuvorderst Rechtschreibung und Grammatik bewertet. Es folgen der sprachliche Stil und die verwendete Terminologie – wie sicher gehst Du mit den Fachbegriffen in Deinem Themengebiet um? Die Qualität der grafischen Darstellungen wird ebenfalls bewertet. Hier empfiehlt es sich, besser eine Abbildung, die Du aus einer Quelle nutzen willst, nachzubauen, als einen qualitativ schlechten Scan in Deine Arbeit aufzunehmen. Der nächste Punkt ist das genutzte Layout. Hier kannst Du, falls vorhanden, durch geeignete Formatvorlagen am einfachsten Fehler vermeiden. Im Zweifel, oder, falls keine Formatvorlage zur Hand ist, solltest Du hier immer das Gespräch mit Deiner Betreuerin suchen. Als nächstes wird die Qualität der Zitation und der verwendeten Quellen bewertet. Hierbei geht es nicht um den Inhalt der verwendeten Quellen, welcher im Rahmen der inhaltlichen Qualität überprüft wird, sondern um eine formal korrekte Zitation. Zuletzt wird die Qualität des Literaturverzeichnisses und eines möglichen Anhangs bewertet. Auch für die Erstellung Deines Literaturverzeichnisses gibt es bestimmte Vorgaben, die in der Regel maßgeblich von dem verwendeten Zitationsstil abhängig sind (siehe ► Abschn. 3.5). Sprich hierzu auch mit Deiner Betreuerin, um einfache Fehler zu vermeiden.

▪ Berücksichtigung ethischer Aspekte und Aspekte der Nachhaltigkeit

Die Berücksichtigung ethischer Aspekte und Aspekte der Nachhaltigkeit sind zum Zeitpunkt der Veröffentlichung dieses Buches erst kürzlich zum Bewertungsschema hinzugefügt worden. Hier geht es darum, bei strittigen Fragestellungen ethisches und soziales Bewusstsein und Verantwortung zu demonstrieren und nicht nur auf kurzfristige Erfolge und moralisch verwerfliche Lösungen zu fokussieren.

Die vorstehenden beschriebenen Bewertungsgrundlagen des Fachbereichs Wirtschaftswissenschaften der WWU Münster sind der Übersichtlichkeit halber auch noch einmal in ◘ Tab. 4.1 festgehalten.

▣ Tab. 4.1 Bewertungsgrundlagen des Fachbereichs Wirtschaftswissenschaften der WWU Münster

Inhaltliche Qualität
Qualität der einleitenden Aspekte
Qualität der Vorgehensweise/des Forschungsdesigns und der Forschungsmethodik
Qualität der Daten-/Literaturquellen und der Datenerhebung
Qualität der Datenanalyse/Argumentation
Qualität der ausleitenden Aspekte
Strukturelle Qualität
Qualität der thematischen Verankerung
Qualität des Arbeitsaufbaus
Qualität der Arbeitskomposition
Redaktionell-formale Qualität
Qualität von Rechtschreibung und Grammatik
Qualität von Stil und Terminologie sowie sprachlicher Darstellung
Qualität der grafischen Darstellungen
Qualität des Layouts
Qualität der Zitation von Quellen
Qualität des Literaturverzeichnisses und des Anhangs
Berücksichtigung ethischer Aspekte und Aspekte der Nachhaltigkeit
Demonstration von ethischem und sozialem Bewusstsein und Verantwortung

4.2 Begutachtung

Fangen wir mit einer Desillusionierung an: Für Dich ist nach der Abgabe der Arbeit einer der wichtigsten Abschnitte Deiner wissenschaftlichen Laufbahn zum größten Teil abgeschlossen. Es gab für Dich in den vergangenen Tagen und Wochen nichts Wichtigeres als Dein Werk – das *muss* ja für jede und jeden auch so sein! Mit Sicherheit wird Deine Betreuerin im Moment der Abgabe alles liegen und stehen lassen, damit sie sich die nächste Zeit ausschließlich um Deine Arbeit kümmern kann!

Leider wird das vermutlich nicht der Fall sein. Egal ob Du von einer Professorin oder einer wissenschaftlichen Mitarbeiterin betreut wurdest – in der Regel haben die Mitarbeiter der Universität einen Haufen zusätzlicher Aufgaben, von denen die Betreuung und Begutachtung von Abschlussarbeiten nur eine ist. Grundsätzlich wird vom wissenschaftlichen Personal erwartet, dass es in den folgenden Bereichen tätig sein soll: Forschung, Lehre, Selbstverwaltung. Es müssen also wissenschaftliche Beiträge geschrieben und veröffentlicht (weil die Publikationsqualität und -Menge mittlerweile ein hoher Reputationsfaktor von Wissenschaftlerinnen ist), die Dissertation vorangetrieben, Lehrveranstaltungen vorbereitet und durchgeführt, Klausuren korrigiert, Drittmittelprojekte bearbeitet und Gremien besucht werden. Das sind häufig viele kleine Aufgaben, die dazu führen, dass Deine Arbeit auf dem Prioritätenstapel nicht immer ganz oben steht! Außerdem braucht es einige Zeit, sich in die Arbeit einzulesen, Deine Argumentationsweise nachzuvollziehen, Deine Studien zu validieren, Deine Literatur durchzugehen und natürlich selbst eine Argumentationslinie zu erarbeiten, die zur Bewertung führt. Aus diesem Grund kannst Du davon ausgehen, dass Deine Arbeit mehrmals komplett gelesen wurde, bevor eine Bewertung verfasst wird. Diese Zeit in einem vollgepackten Arbeitstag zu finden, kann unter Umständen schwierig sein. Damit Deine Arbeit ausreichend gewürdigt werden kann, räume Deiner Betreuerin diese Zeit bitte ein. Solltest Du – weil Du vielleicht schon einen Job in Aussicht oder eine vorläufige Zusage für ein weiterführendes Studium hast – ein sehr zügiges Ergebnis benötigen, kündige das frühzeitig an! Wenn Du den Abschnitt über Zeitmanagement (▶ Abschn. 2.2) bereits gelesen hast, wirst Du das aber sicherlich berücksichtigt haben.

Diese einführende Erläuterung soll Dir auch noch eine Sache klarmachen, die Dir vielleicht bisher nicht bewusst war: Deine Betreuerin *ist auch nur ein Mensch!* Als solcher ist sie natürlich anfällig für viele Dinge, die Du vermutlich an Dir selbst beobachten und damit hoffentlich nachvollziehen kannst. Das folgende Beispiel ist Teil des „ersten Eindrucks".

Beispiel

Du triffst auf einer Party einen Menschen, von dem oder der Du vielleicht schon gehört hast, den oder die Du aber noch nicht kennst. Der erste Satz, den Du von diesem Menschen hörst, ist: „Wer lässt denn jemanden wie Dich auf diese Party?"

Die vermutlich beste Reaktion wäre, mit den Schultern zu zucken und diese Person sich selbst zu überlassen und zu gehen. Egal, wie sehr sie sich bemühen wird – es wird schwer für sie werden, Dir klar zu machen, dass sie doch ein großartiger Mensch ist! Dein erster Eindruck dieser Person ist negativ! Zurück zu (hoffentlich nicht) Deiner Arbeit: Deine Betreuerin hat also die Zeit gefunden, sich mit Deinem Werk auseinander zu setzen, nimmt sie zur Hand, und sieht eines oder mehrere der folgenden Dinge *innerhalb der ersten dreißig Sekunden:*

- Kaffeerand auf der Titelseite
- Eine Anhäufung von Rechtschreibfehlern beim kurzen Durchblättern
- Ein extrem unbalanciertes Inhaltsverzeichnis
- Abbildungen von richtig schlechter Qualität
- „Witwen", auf die kein weiterer Text folgt (siehe ◘ Abb. 4.1)
- Ein Literaturverzeichnis, das nach einer halben Seite zu Ende ist

Versuche einmal zu antizipieren, mit welcher Einstellung die Betreuerin nun an die Detailbegutachtung gehen wird und wie extrem gut Dein Inhalt jetzt sein muss, um diesem ersten Eindruck entgegenzutreten. Jetzt kannst Du natürlich sagen: „Was für eine unprofessionelle Herangehensweise – man urteilt doch nicht nach Äußerlichkeiten! Auf die inneren Werte kommt es an!" Grundsätzlich stimmen wir dieser Einstellung zu, allerdings mit auf diesen Fall bezogenen strengen Einschränkungen: Wissenschaftliches Arbeiten ist von Sorgfalt geprägt; sorgfältige Literaturanalyse, sorgfältige Argumentationslinie, sorgfältige Auswertung, sorgfältige Formulierung, sorgfältige Schlussfolgerungen. Wenn jetzt in der Außendarstellung der Arbeit keine Sorgfalt sichtbar ist – warum sollte sie dann im Inhalt zu erwarten sein? Aus eigener Erfahrung können wir Dir sagen, dass es eine hohe positive Korrelation zwischen „schlechtem Erscheinen einer Arbeit" und „schlechter Bewertung einer Arbeit" gibt! Es *kann* natürlich sein, dass das ausschließlich an der negativen Einstellung (und damit einhergehend mit einer wesentlich kritischeren Auseinandersetzung), mit der die Begutachterin an die Arbeit geht, liegt – *wahrscheinlich* lieg es aber auch wirklich an der Qualität der Arbeit.

Vom Problem- in den Lösungsraum zu kommen ist in diesem Fall recht einfach: Sieh zu, dass Deine Arbeit ein rundes Bild abgibt und – so billig das auch erscheinen mag – „dem Auge gefällt". Es macht der Betreuerin mit Sicherheit auch mehr Spaß, die Zeit an Deiner Arbeit mit einer positiven Grundeinstellung zu verbringen, als mit einer schlechten!

4

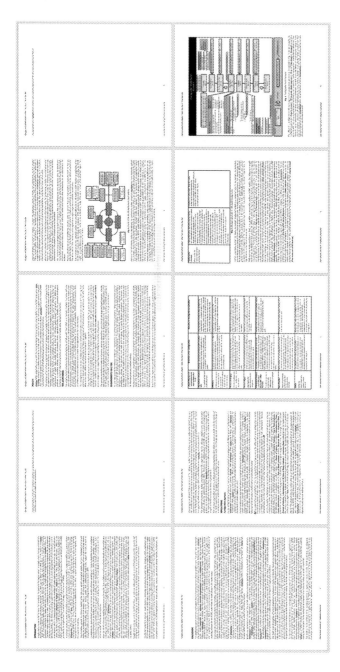

● Abb. 4.1 Wie aus acht Seiten zehn werden: „Witwen" sind nicht schön!

Gehen wir einfach davon aus, dass Deine Arbeit einen wohlwollenden ersten Eindruck erweckt hat. Vielleicht hat Deine Betreuerin die Arbeit jetzt einmal durchgelesen und sich ein Bild verschafft und legt sie, bevor das Gutachten ansteht, zunächst zur Seite. Das zweite Beispiel illustriert, was jetzt noch passieren kann.

Beispiel
Du fängst eine Woche, nachdem Deine beste Studienkollegin ihre Arbeit abgegeben hat, an, Deine eigene Abschlussarbeit zu schreiben. Weil sie jetzt nichts zu tun hat, außer das Leben zu genießen, fragt sie Dich jeden Tag: „Und? Bist Du schon fertig? Wann gibst Du ab? Brauchst Du noch lange?"

Wenn Dich das nicht nach einiger Zeit nervt und Deine Stimmung negativ beeinflusst, musst Du eine sehr ausgeglichene Person sein. Viele Menschen sind hier anders, so vielleicht auch Deine Betreuerin. Natürlich willst Du irgendwann wissen, wie es um Deine Arbeit steht, Du solltest aber immer im Hinterkopf behalten:

❯❯ In Deinem eigenen Interesse: Nerve Deine Betreuerin nicht[1]!

Die schwierige Frage ist jetzt: „Ab wann nerve ich denn meine Betreuerin?" Diese ist – wie so vieles – nicht einfach zu beantworten, aber folgende Schritte können Dir helfen, dass das Problem weitestgehend vermieden wird:

- Wenn Du mit Deiner Betreuerin vorher keinen Zeithorizont für die Begutachtung abgesprochen hast, kannst Du vielleicht nach vier Wochen einmal nachfragen, wie denn der aktuelle Stand ist. In der Regel wirst Du dann eine aussagekräftige Antwort bekommen, oder Du wirst auf die häufig von Prüfungsämtern vorgegeben Deadline für Gutachten vertröstet.
- Wenn Du keine Antwort bekommst, warte nochmals ein paar Tage, bevor Du wieder fragst.
- Wenn Du nach Ablauf der Begutachtungsdeadline noch nichts gehört hast, frage zunächst nochmals direkt nach, ansonsten wende Dich an Dein Prüfungsamt.
- Lerne aus dem ersten Punkt: Frag Deine Betreuerin im Vorfeld, wie lange sie vermutet, dass es dauern wird. Wenn eine Woche nach dem von ihr kommunizierten Zeitpunkt nichts passiert ist, frag einmal nach.

Es kann auch sein, dass sich der Begutachtungsprozess etwas verzögert, weil mehrere Gutachterinnen involviert sind und es gegebenenfalls auch noch eine Abstimmung zwischen diesen geben muss. Du kannst Dir vorstellen, dass die

---

1 Nerve sie zumindest nicht über die Maßen!

Terminkoordination zweier Parteien, die „Forschung, Lehre und Selbstverwaltung" (den drei Aufgabenbereichen von Hochschulangehörigen, siehe oben) unterworfen sind, eher schwierig wird. In diesem Fall gilt auch: Kläre frühzeitig ab, welchen Planungshorizont Du für Deinen Werdegang hast.

4.3 Verteidigung

4

Nicht obligatorisch aber dennoch häufig erforderlich ist eine mündliche Verteidigung der Arbeit. Aus unserer Erfahrung heraus passiert das in der Regel kurz nach Fertigstellung aller Gutachten (wenn mehr als eines erforderlich ist), damit die Gutachterinnen den Inhalt noch vor Augen haben. Bei uns in Münster dauert eine Verteidigung in der Regel 60 min, wovon ca. 30 min auf den Vortrag der Studentin fallen und der Rest durch Diskussionen gefüllt wird. Teilweise ist die Verteidigung universitäts-öffentlich, das heißt, dass auch andere Universitätsangehörige zumindest passiv teilnehmen dürfen.

Warum die ganze Geschichte nochmals erzählen, wenn Du doch schon alles fein säuberlich zu Papier gebracht hast? Diese Frage so zu stellen ist ein Irrtum: Du sollst nicht einfach Deine Arbeit nacherzählen. Denke an einen Kinofilm, beispielsweise an „Der Herr der Ringe". J.R.R. Tolkien hat mit seinen drei Bänden (und den Büchern davor und danach) ein Universum geschaffen, das er sehr detailliert beschreibt, sodass sich die Bilder in Deinem Kopf beim Lesen zu einem konsistenten Bild zusammenfügen. Peter Jackson ist mit seinen Kinofilmen zwar sehr nah an der Vorlage geblieben, hat aber einige Elemente anders aufbereitet, weil das Format eines Filmes schlicht ein anderes ist, als das eines Buches. Auch hat er einige Szenen etwas ausführlicher dargestellt, als sie im Buch beschrieben wurden, andere dagegen verkürzt. Für Deine Verteidigung heißt das also:

> ❯❯ **Bereite Deinen Vortrag im Hinblick auf Dein Publikum vor!**

Das ist jetzt kein besonderer Trick für Präsentationen von Abschlussarbeiten, der Hinweis gilt generell: Überlege Dir, wie Du den Inhalt mit den Präsentationsmedien, die Dir zur Verfügung stehen, so aufbereitest, dass Deine Zuhörerinnen und Zuschauerinnen den Zusammenhang verstehen und – im besten Fall – interessant finden. Wir können Dir aus unserer Erfahrung sagen, dass Empfängerinnen Vorträge dann interessant finden wenn die Vortragende ihn selbst interessant findet. Baue Deine Präsentation also so auf, dass Du sie selbst gerne verfolgen wollen würdest. Wir haben ein paar Vorschläge, wie das funktionieren kann:

▪ *Führe anregend in Dein Thema ein.* Eine gute Motivation für Deine Arbeit ist ein leicht verständliches Beispiel, das die Problemstellung charakterisiert. Das Beispiel sollte im besten Fall für alle – und nicht nur für Experten – verständlich sein. Von diesem Beispiel ausgehend kannst Du dann zu Deiner Arbeit überleiten. Wenn es sich ergibt, kannst Du auch während Deines Vortrages immer wieder auf dieses Beispiel zurückgreifen und gegebenenfalls damit schließen.

▪ *Kürze gefühlt langweilige Sachen ab.* Du hast Dir sicherlich sehr viel Mühe bei der Literaturrecherche für Dein Thema gegeben und willst die Stunden, die Du damit verbracht hast, auch gerne sichtbar machen. Hierfür musst Du aber nicht jeden der vielen Artikel, die Du gelesen hast, im Vortrag erwähnen. Wir gehen davon aus, dass Du sie in Deiner Arbeit hinreichend gewürdigt hast. Du kannst uns glauben, dass jede Betreuerin weiß, wie viel Aufwand es ist, 30 Artikel zu lesen und kritisch zu reflektieren. Trage lediglich die Ergebnisse vor! Gleiches gilt für Implementierungsarbeiten. Vermutlich ist jede Zeile Deines Codes ein kleines Glanzstück – präsentiere aber nur die Dinge, die für das Verständnis bzw. für die Lösung Deines Problems unabdingbar sind.

▪ *Bereite die Diskussion schon während des Vortrages vor.* Wenn Du der Meinung bist, dass Du beispielsweise aufgrund der Kürze der Dir zur Verfügung stehenden Zeit einen Teil im Vortrag nicht ansprechen kannst, weise an geeigneter Stelle kurz darauf hin. Solltest Du mit Software präsentieren (Microsoft Powerpoint, Google Presentation, Open Office Impress, Preezi etc.), bereite für diese Themen Backup-Folien vor, die Du bei einer Rückfrage in der Diskussion aufrufen kannst.[2] Das macht einen unglaublich vorbereiteten und sicheren Eindruck – und das bist Du in dem Moment ja auch! Die Chancen für eine entsprechende Rückfrage stehen übrigens sehr gut, wenn Du wie oben angesprochen in Deinem Vortrag „über ein Thema hinweg gehst".

▪ *Übe Deinen Vortrag.* Über ein Thema, mit dem Du Dich wochen- oder sogar monatelang beschäftigt hast, solltest Du problemlos auch ohne Folien oder Hilfszettel berichten können. Vermutlich hast Du Deiner Familie und Deinem Freundeskreis den Inhalt so oder so schon häufig erzählt, also berichtest Du ja nichts Neues. Wenn wir Vorträge vorbereiten, rechnen wir im Schnitt mit 1,5–2,5 min, die pro Folie während der Präsentation verwendet

---

2 Auch wenn Präsentationsprogramme unterschiedliche Präsentationsformen nutzen, sprechen wir in der Folge immer antiquiert von „Folien", wenn wir die Darstellung eines Sachverhaltes auf der Präsentationsfläche meinen.

4

werden. Das mag bei Dir anders sein, irgendwo in diesem Bereich wirst Du aber auch liegen. Wenn Du jetzt von einem 30-Minuten-Vortrag ausgehst, wirst Du zwischen 12 und 20 Folien erstellen müssen – mehr nicht! Das sind hinreichend wenige, damit Du Dir die Reihenfolge – die ja *Deine* Geschichte unterstützt! – auch merken kannst! Wenn Du Dich mit Hilfskarten sicherer fühlst, dann erstelle Dir welche. Nutze sie dann aber eher wie einen Spickzettel, den Du im besten Fall nicht benötigst.

▪ *Gestalte Deine Präsentation interessant.* Lesen kann Dein Publikum vermutlich selbst. Versuche, nicht die Folien vorzulesen, sondern sie lediglich als Gerüst zu nutzen und durch Deine Sprache den Inhalt zu vermitteln. Nutze Bilder und Grafiken zur Illustration („Ein Bild sagt mehr als 1000 Worte."). Das hat noch einen schönen Vorteil: Die Zuhörer erwarten, dass zu allem, was auf einer Folie zu sehen ist, auch etwas gesagt wird. Wenn Du nun im Eifer des Vortrages einen Punkt vergisst anzusprechen, fällt das auf. Wenn Du Abbildungen verwendest, weißt nur Du, was Du sagen willst – im besten Fall bekommt niemand mit, dass Dir etwas nicht eingefallen ist das Du eigentlich an dieser Stelle noch sagen wolltest.

▪ *Sei selbstbewusst, aber nicht arrogant.* Dein Gutachtergremium hört gerne klare Aussagen. Beantworte Fragen ohne große Umschweife. Wenn Du die Frage nicht richtig verstehst, frage klärend nach. Wenn eine Frage gestellt wird, auf die Du keine Antwort weißt, rede nicht lange darum herum, sondern teile das mit – Du kannst nicht *alles* wissen. Was aber von Dir erwartet werden kann, ist, dass Du Dir mit Deinem Hintergrundwissen aus Deinem Studium Gedanken darüber machst, was die Antwort sein *könnte*. Versuche es mit einer Antwort wie: „Diese Frage kann ich leider nicht direkt beantworten, ich vermute aber aufgrund von […], dass […]". Negativ wird wahrgenommen, wenn Du den Eindruck erwecken willst, alles zu wissen, aber keine Ahnung hast. Du kannst davon ausgehen, dass Du nicht die erste Studierende bist, die vor Deinen Prüferinnen steht.

Literatur

1. Kiesewetter, J. G. C. C. (1811). *Lehrbuch der Hodegetik, oder kurze Anweisung zum Studiren.* Berlin: Nauck.

Das Ende des Buches und was nun zu tun ist

© Springer-Verlag GmbH Deutschland, ein Teil von Springer Nature 2019, korrigierte Publikation 2019
K. Bergener, N. Clever, A. Stein, *Wissenschaftliches Arbeiten im Wirtschaftsinformatik-Studium*, https://doi.org/10.1007/978-3-662-57949-7_5

„Wenn wir hier von dem eigenen Denken reden, so verstehen wir nicht darunter die unnachlaßliche Pflicht, die einem jeden Studirenden obliegt, das was andere ihn in mündlichen Vorträgen oder in Büchern gelehrt auf seine eigene Weise zu durchdenken, (…) sondern wir haben die Selbsttäthigkeit des Geistes, durch welche die Maße der Erkenntnisse ohne fremde Beihülfe vermehrt oder der schon vorhandenen ein höherer Grad scientifischer Vollkommenheit ertheilt wird, zum Gegenstand" [1].

Nun hast Du dieses Buch zu Ende gelesen. Wir können (und wollen) Dir die Arbeit, Deine Abschlussarbeit nun auch tatsächlich anzufertigen, nicht abnehmen. Du sollst mit Deiner Arbeit ja auch beweisen, dass Du in der Lage bist, ein Problem mit wissenschaftlichen Methoden eigenständig und gewissenhaft zu bearbeiten. Wir hoffen dennoch, dass wir Dir in den einzelnen Abschnitten dieses Buches einiges an Handwerkszeug für diese große, vor dir liegende Aufgabe mitgeben konnten. Wie Du beim Lesen vielleicht bemerkt hast, gibt es aufgrund der Komplexität der Anfertigung einer Abschlussarbeit oft nicht die **eine** Lösung. Daher legen wir Dir an dieser Stelle noch einmal ans Herz, dass Du bei allen aufkommenden und frühzeitig absehbaren Problemen rechtzeitig das Gespräch mit Deiner Betreuerin suchen solltest, denn ein gutes Erwartungsmanagement ist das A und O bei einer so umfangreichen Aufgabe. Insbesondere vor dem Hintergrund, dass Du in aller Regel eine Note für Deine Arbeit bekommst und wir davon ausgehen, dass Du möchtest, dass diese am Ende so gut wie möglich ist.

Ab jetzt hast Du es selbst in der Hand: Leg Dir einen Plan zurecht. Such Dir ein interessantes Themengebiet aus und finde darin ein spannendes Thema. Wäge ab, welcher Forschungstyp zu Deinem Thema passt. Mach Dir Gedanken über die inhaltlichen Schwerpunkte Deiner Arbeit und berücksichtige dabei Deine eigenen Interessen und Dein eigenes Potenzial. Überleg Dir eine sinnvolle Gliederung für dein Thema. Such, lies und verwende geeignete Literatur für Deine Arbeit. Schreib Deine Arbeit!

So einfach sich das jetzt anhört: Du wirst fluchen. Du wirst Tiefs haben. Du wirst Absätze schreiben und diese zwei Tage später wieder löschen, da sie doch nicht in deine Argumentationslinie passen. Du wirst Dir wünschen, schon fertig zu sein. All das können wir nicht verhindern – und das kann keiner! Am wichtigsten ist aber, dass Du grundsätzlich mit Spaß bei der Sache bist. Nimm Dir also genügend Zeit bei der Auswahl Deines Themas, denn Du wirst Dich über einen langen Zeitraum damit beschäftigen (müssen). Selten ist es beim Anfertigen einer Bachelorarbeit mit der reinen Bearbeitungszeit getan. Sei bereits bei der Auswahl des Themas genauso gewissenhaft, wie Du es bei der Nutzung Deiner Forschungsmethode(n) sein solltest. Sich mit etwas auseinandersetzen zu müssen, was man im Grunde genommen nur äußerst ungerne tut, wird am Ende seinen Tribut einfordern. Und das kann dann in der Konsequenz nur zu einem nicht zufriedenstellenden Abschluss der Arbeit führen, sei es aus der Bewertungsperspektive oder gemessen an Deinen eigenen qualitativen Vorstellungen.

Schließen wollen wir aber nicht mit negativen Worten. Vielmehr wollen wir Dir mit auf den Weg geben: Hab Spaß! Du kannst Dich über einen langen Zeitraum – vermutlich länger, als Du bisher eigenständig an einem Thema gearbeitet hast – intensiv mit Deinen eigenen Interessen auseinandersetzen. Und wenn Du Spaß hast, dann haben wir den als Betreuer auch. Wenn wir sehen, dass sich jemand mit einer ähnlichen – oder sogar noch größeren? – Begeisterung mit unseren Forschungs- und/oder Interessensgebieten beschäftigt, dann ist so eine Arbeit letzten Endes häufig ein Selbstläufer. Und das kann ja nur in Deinem Interesse liegen.

Am Ende bleibt uns Dreien nur noch zu sagen:
Wir wünschen Dir viel Erfolg bei Deiner Abschlussarbeit!

Literatur

1. Kiesewetter, J. G. C. C. (1811). *Lehrbuch der Hodegetik, oder kurze Anweisung zum Studiren.* Berlin: Nauck.

- **Icons von The Noun Project**

Wir bedanken uns bei folgenden Personen für die Erstellung der hilfreichen Piktogramme in diesem Buch:

 Time management by Maria Kislitsina from the Noun Project

 Communication by ProSymbols from the Noun Project

 Idea by Nithinan Tatah from the Noun Project

 Structure by lastspark from the Noun Project

 Search by Dmitrij from the Noun Project

 Books by arejoenah from the Noun Project

 Book by beth bolton from the Noun Project

 Quote by Arthur Shlain from the Noun Project

 Template by Sergey Demushkin from the Noun Project

 Write by shashank singh from the Noun Project

Icons von The Noun Project

 In Scope by Lemon Liu from the Noun Project

 Flagged Document by throwaway icons from the Noun Project

 Report by Bastian König from the Noun Project

 Project development by Becris from the Noun Project

 Methodologies by Ralf Schmitzer from the Noun Project

 Outline by Dilon Choudhury from the Noun Project

 Presentation by Vectors Market from the Noun Project

Printed in the United States
By Bookmasters